Era no Tempo do Rei

Estudos Literários 52

Apoio: CAPES

EDU TERUKI OTSUKA

Era no Tempo do Rei
Atualidade das *Memórias de um Sargento de Milícias*

Ateliê Editorial

Copyright © 2016 Edu Teruki Otsuka

Direitos reservados e protegidos pela Lei 9.610 de 19 de fevereiro de 1998.
É proibida a reprodução total ou parcial sem autorização, por escrito, da editora.

Dados Internacionais de Catalogação na Publicação (CIP)
(Câmara Brasileira do Livro, SP, Brasil)

Otsuka, Edu Teruki
   Era no Tempo do Rei: Atualidade das Memórias de um
Sargento de Milícias / Edu Teruki Otsuka. – Cotia, SP: Ateliê
Editorial, 2016. – (Coleção Estudos Literários)

   ISBN 978-85-7480-748-5

   1. Almeida, Manuel Antônio de, 1831-1861 – Crítica e
interpretação   2. Almeida, Manuel Antônio de, 1831-1861.
Memórias de um sargento de milícias – Crítica e interpretação
3. Crítica literária   4. Ensaios brasileiros   5. Romance
brasileiro   I. Título.   II. Série.

16-07258   CDD-869.09

Índices para catálogo sistemático:
1. Literatura brasileira: História e crítica   869.09

Direitos reservados à
ATELIÊ EDITORIAL
Estrada da Aldeia de Carapicuíba, 897
06709-300 – Granja Viana – Cotia – SP
Tels.: (11) 4612-9666 / 4702-5915
www.atelie.com.br / contato@atelie.com.br
2016
Printed in Brazil
Foi feito o depósito legal

Sumário

Agradecimentos. 9

Introdução. 11

1. Questões Preliminares 15
   "Era no Tempo do Rei" (i) 15
   Caracterização da Prosa 18
   "Era no Tempo do Rei" (ii). 22
   Tipos, Desenvolvimento, Repetições 26
   Fundamentos Histórico-sociais 35

2. O Mundo das Relações. 43
   Homens Livres Pobres 43
   Empenhos e Cartuchos. 51
   O Agregado 54

3. Dinâmica Narrativa e seu Motor. 61
   Vinganças em Moto-contínuo 61

8   ERA NO TEMPO DO REI

Espírito Rixoso. 69
Compensações Imaginárias 83
Guerra Civil do Trabalho. 89

4. Peculiaridades e Implicações Formais. 97
Configuração da Subjetividade. 97
Problemas do Realismo. 107
História e Nacionalismo 116

5. Desfecho 129
Desfecho Narrativo, Nó Ideológico 129
Depois do Fim 138

6. Considerações Finais 143
Limites da Malandragem. 143
Forma e Irrealização 148

EXCURSOS

1. Balanço da Crítica 159

2. Manuel Antônio de Almeida e a Escravidão 181

Bibliografia 193

Agradecimentos

Uma versão anterior deste estudo foi apresentada como tese de doutorado junto à Faculdade de Filosofia, Letras e Ciências Humanas da Universidade de São Paulo. O trabalho, defendido em dezembro de 2005, contou com a orientação do Prof. Dr. José Antonio Pasta Júnior, a quem agradeço a generosidade na acolhida do projeto, a paciência com meus percalços, o exemplo inspirador de sua reflexão crítico-teórica, sempre guiada por exigência máxima, e a liberdade que me foi dada para fazer meu caminho.

Aos Profs. Drs. Iná Camargo Costa, Paulo Arantes, Sidney Chalhoub e Tales Ab'Sáber, que compuseram a banca examinadora, bem como ao Prof. Dr. Jorge de Almeida, que integrou a banca do exame de qualificação, agradeço as inúmeras observações e sugestões, as quais procurei incorporar ao estudo.

Hoje estou convencido de que uma reorganização do argumento poderia dar maior consistência ao trabalho, mas, não podendo fazer uma reelaboração mais ampla, limitei-me a cortar alguns excessos ao retomar o texto para publicação.

Em conversas com Ivone Daré Rabello, fui estimulado por críticas iluminadoras e afetuosa atenção; por isso, este livro é dedicado a ela, ainda que seja um trabalho pequeno demais para pretender retribuir tanta consideração e carinho.

Ao Departamento de Teoria Literária e Literatura Comparada agradeço o apoio para a publicação.

Introdução

As *Memórias de um Sargento de Milícias* (1854-1855) são comumente consideradas uma obra que destoa da linha predominante na produção literária de sua época. A singularidade do romance de Manuel Antônio de Almeida foi assinalada pela crítica de várias maneiras, e, como acontece com frequência, a ideia se tornou um lugar-comum que, de tão repisado, pouco contribui para a reflexão. Uma vez reconhecido o acerto (relativo) da constatação, tendeu-se a reafirmar o lugar à parte das *Memórias* por meio de indicações gerais, pautadas seja no cunho realista do romance (em contraste com as fabulações idealizantes dos românticos), seja na comicidade e na leveza da narração (em contraste com a seriedade e grandiloquência da literatura oficial), sem que isso explicasse de fato o caráter singular da obra para além dos aspectos superficiais*.

---

* Um breve balanço da fortuna crítica das *Memórias* é apresentado no Excurso 1.

A peculiaridade do romance, que só passou a ser mais valorizado no século xx, parecia separá-lo do ambiente literário de seu tempo, o que fazia das *Memórias* um acontecimento fora do comum, quem sabe um lance de gênio ou um golpe de sorte. Afinal, a obra havia surgido nos inícios do romance brasileiro, momento em que o escritor não dispunha de uma tradição forte de ficção em prosa em que pudesse apoiar-se; sem mencionar as tentativas menores, tinha como principais predecessores Teixeira e Sousa e Macedo (Alencar ainda não havia estreado quando Manuel Antônio escreveu os capítulos publicados semanalmente na "Pacotilha" do *Correio Mercantil*). O próprio surgimento de uma obra de qualidade especial em condições aparentemente desfavoráveis seria tomado como mais um fato que confirmava seu lugar à parte.

Este trabalho procura argumentar que a singularidade e a qualidade das *Memórias* se devem ao poder estruturante da matéria brasileira, apreendida e elaborada de maneira despretensiosa, mas nem por isso desprovida de profundidade e alcance. A experiência histórica brasileira, com suas peculiaridades, liga-se a um conjunto problemático de relações sociais que é em grande parte tributário do sistema escravista-clientelista de matriz colonial e está articulado ao desenvolvimento do mundo moderno – o que também pode ser entendido como o modo específico pelo qual a modernização se concretiza no país periférico.

Como resultado desse amplo dinamismo histórico, a experiência brasileira configurada nas *Memórias* também se manifesta, indiretamente e em ponto pequeno, em vários aspectos corriqueiros da vida cotidiana (no caso, a do Rio de Janeiro do período joanino), como os costumes, os comportamentos, as relações interpessoais, as pressões sociais, as opiniões e ideias e o modo de ver os acontecimentos. A maneira particular com que a vida popular do Rio joanino é apresentada na narrativa é ela mesma enformada pela experiência brasileira, configurando um ponto de vista determinado. Assim, os recursos empregados na ordenação das cenas, nas descrições, nos episódios, nas ações e no fio do enredo também apontam para a particularidade do dinamismo social, sobretudo no modo como configuram o mundo das personagens.

A consideração do nexo histórico-social dos procedimentos artísticos empregados na composição ainda tem sido pouco explorada pelos estudos literários. Assim, a comicidade da prosa, sem dúvida o efeito mais vigoroso das *Memórias*, tendeu a ser apenas constatada pela crítica, que muitas vezes se limitou a tratá-la como um recurso literário multissecular, encontrável em todas as épocas e lugares, e sobretudo desvinculado do quadro social e ideológico que o sustenta. O mesmo vale para o esquema episódico da narrativa, que foi enquadrado em categorias genéricas de classificação ("picaresca", "romance de costumes") ou tomado como defeito ("descosimento", "falta de unidade"). Também aqui pouco se investigou o sentido histórico da composição episódica para além de seu vínculo com a tradição das convenções literárias. A exceção notável é o ensaio clássico de Antonio Candido, que investigou as determinações histórico-sociais dos elementos que compõem a forma própria das *Memórias*.

O presente estudo busca prosseguir nessa direção, sugerindo que os elementos da narrativa compõem um conjunto governado por uma lógica específica, que tem correspondência no plano da realidade histórica. A matéria brasileira, não sendo um material inerte, transmite algo de sua dinâmica para a movimentação da narrativa; ou melhor, a formalização literária, se for consistente, potencializa os traços estruturantes da experiência brasileira, tornando-a mais palpável e revelando-a em aspectos imprevistos. Buscaremos, aqui, apontar a força de revelação das *Memórias* examinando as peculiaridades da narrativa enquanto configuradoras de uma forma, a qual não é evidente nem inefável, ou seja, não dispensa a investigação de suas determinações nem se esquiva ao esforço de nomeação, podendo ser conceitualizada nos próprios termos do romance.

Desse modo, este trabalho procura mostrar que, no eixo que dá maior consistência às *Memórias*, encontram-se relações interpessoais fortemente marcadas por rixas, rivalidades, vinganças entre personagens, definindo algo como um espírito rixoso generalizado. Com seu caráter sistemático, esses relacionamentos impulsionam a movimentação do enredo e têm implicações em diferentes aspectos da construção narrativa, ao mesmo tempo em que apreendem na figuração alguns efeitos práticos da organização social brasileira.

Longe de restringir-se à dimensão meramente temática, a lógica rixenta das relações funciona como um princípio formal abrangente, articulando-se ao modo de representação, à comicidade e às oscilações da prosa, bem como à dinâmica das ações e à segmentação episódica. Centralmente, o movimento de reviravoltas sucessivas do enredo é determinado pelo padrão rixoso de comportamento, que estiliza no plano literário uma modalidade de relacionamento vigente nas práticas sociais efetivas. Enquanto princípio organizador predominante, o espírito rixoso cumpre papel mediador decisivo, revelando o enraizamento da forma literária na matéria histórico-social brasileira, a que se liga a particularidade da obra.

A experiência histórica brasileira apreendida nas *Memórias* tem ressonâncias até hoje, e por isso cabe mencionar uma questão de fundo que orienta o trabalho. Mais de cento e cinquenta anos após sua publicação, o que o romance de Manuel Antônio ainda teria a nos dizer? Sem desconhecer o fato de que circunstâncias cruciais se modificaram de lá para cá, pode-se sugerir a atualidade das *Memórias* através da análise de sua construção interna e do lastro material de sua forma. O recuo do olhar para o passado com intuito alusivo ao presente é constitutivo do enfoque narrativo das *Memórias* – e assim também este trabalho pretende apontar alguns elementos daquela experiência histórica (objetivada no romance) que ainda se mostram significativos para o nosso presente.

1

Questões Preliminares

"ERA NO TEMPO DO REI" (1)

A famosa frase de abertura das *Memórias de um Sargento de Milícias*[1] já anuncia alguns aspectos decisivos na composição do romance. Primeiramente, na camada mais ostensiva de significação, ela assinala o deslocamento temporal do ponto de vista, que desencadeia a narração da história.

Situado no Segundo Reinado, o narrador conta uma história que se passa durante o período joanino. A narração se instaura com o recuo temporal, pois o narrador não pertence ao tempo em que a ação transcorre, mas observa-o a partir do ponto de vista privilegiado do próprio presente de Manuel Antônio de Almeida. Enquanto a ação central e a descrição dos costumes remetem ao passado pré-nacional do início do sé-

---

1. M. A. de Almeida, *Memórias de um Sargento de Milícias*, ed. Mamede Mustafa Jarouche, São Paulo, Ateliê, 2000.

culo XIX, a perspectiva do narrador, que se manifesta nos comentários judicativos, permeia a prosa do romance com uma visão própria ao Brasil de meados do século, que passava por novo surto modernizador.

Assim é que, ao apresentar a descrição do "canto dos meirinhos" (pp. 65-66), na sequência da frase de abertura, o narrador chama a atenção para a diferença entre os meirinhos de seu próprio tempo e os do período joanino, os quais, sendo gente "temível e temida, respeitável e respeitada", mostram-se como uma categoria de profissionais "que gozava então de não pequena consideração", ou seja, os oficiais de justiça eram respeitados por todos os que se viam ameaçados pelo terror cotidiano das demandas judiciais.

Ao apresentar a "formidável cadeia judiciária" formada pelo círculo que vai dos meirinhos aos desembargadores, o narrador sugere que a Justiça do tempo do rei era aterrorizante e considera que o meirinho, sendo parte daquela instituição opressiva, teria a qualidade de exercer certa "influência moral" sobre os habitantes da cidade. Logo em seguida, menciona-se outra influência, "justamente a que falta aos de hoje", associada aos trajes do ofício. Descrito em detalhe, o modo imponente como o meirinho se veste assinala a sua distinção social, pois, enquanto "os meirinhos de hoje são homens como quaisquer outros", os do tempo do rei "não se confundiam com ninguém". Assim, o narrador conclui que o meirinho diferenciava-se das pessoas comuns por meio dos trajes que tornavam visível a ligação com o poder institucional da Justiça e, com isso, aproveitava para cometer seus próprios abusos: "Colocado sob a importância vantajosa destas condições, o meirinho usava e abusava de sua posição".

Da perspectiva moderna, a noção de Justiça do período joanino aparece como institucionalização do arbítrio, pois a lei em que se assentava era a encarnação da vontade do soberano. Acresce que as extensões do poder do monarca, corporificadas nas instituições, reafirmavam as diferenças hierárquicas em todos os níveis da sociedade, de tal modo que, mesmo nas camadas mais rasas da cadeia judiciária, os meirinhos podiam exercer seu arbítrio. Daí a importância atribuída aos trajes imponentes, que sinalizam de maneira ostensiva a superioridade do oficial de justiça em relação aos cidadãos comuns.

Apresentando o Rio joanino numa prosa que combina simpatia amistosa e ironia mordaz, a narrativa estabelece um jogo permanente entre as dimensões temporais, sugerindo uma comparação tácita entre as duas épocas. Em vez de simplesmente ambientar a ação no passado para evocar costumes de tempos idos, a visada do narrador coloca o passado em confronto direto com o presente. O olhar voltado para o período histórico anterior alude comparativamente ao tempo atual, que está ausente do plano da representação, mas é um dos pontos de referência fundamentais das *Memórias*. Desse modo, instala-se um jogo de contrastes e continuidades entre o passado e o presente[2].

O confronto entre os dois momentos históricos é procurado com deliberação, como se percebe pela frequência com que o narrador chama a atenção do leitor para o recuo temporal, com o uso insistente da expressão "naquele tempo" (em contraposição ao "hoje", implícito na enunciação narrativa). O jogo passado-presente é posto em funcionamento ora por meio de comentários diretos e explícitos, ora por meio de insinuações e subentendidos, sendo ativado quase incessantemente. A saturação das referências ao tempo parece destinada a impedir que o leitor mergulhe no passado, lembrando-o a todo instante de que ele se encontra em um tempo posterior àquele sobre o qual lê. O romance de Manuel Antônio não oferece uma imagem (idílica

---

2. O jogo passado-presente já havia sido notado por C. de Lara, "*Memórias de um Sargento de Milícias*: Memórias de um Repórter do *Correio Mercantil*?", *Revista do Instituto de Estudos Brasileiros*, São Paulo, n. 21, 1979, p. 80. Em linha diversa da sugerida aqui, M. M. Jarouche procurou desenvolver o tema, associando as *Memórias* a certa retórica comum ao *Correio Mercantil*, que se ligava à oposição liberal ao governo saquarema, arrefecida com a Conciliação promovida pelo Gabinete Paraná (1853-1858). Ver *Sob o Império da Letra: Imprensa e Política no Tempo das Memórias de um Sargento de Milícias*, Tese de Doutorado, São Paulo, FFLCH-USP, 1997.

ou exótica) do passado com o qual o leitor pudesse se deleitar, mas apresenta um termo de comparação histórico para se alcançar uma perspectiva crítica sobre o presente. Com isso, a narrativa acaba fornecendo uma espécie de quadro de análise do desenvolvimento histórico da vida social brasileira.

É fácil perceber que o deslocamento temporal implica o distanciamento do narrador em relação à história narrada. No entanto, o que talvez não seja tão evidente é que esse distanciamento não depende de uma diferença meramente cronológica, mas sobretudo de conjuntos de valores díspares, que sustentam as angulações do ponto de vista e se alicerçam em pressupostos sociais diferentes, que cumpre especificar.

CARACTERIZAÇÃO DA PROSA

O efeito mais saliente da prosa das *Memórias* é a comicidade, que se manifesta com nitidez nas descrições e se vincula a um traço estilístico particular. Assim, os quadros da casa do fidalgo "não eram totalmente feios, porém [...] não tinham decerto o subido valor que se lhes dava naquele tempo" (p. 122); os enfeites das casas em dia de procissão "tinham um aspecto de muita riqueza e luxo, ainda que de mau gosto" (p. 169); "O velho tenente-coronel, apesar de virtuoso e bom, não deixava de ter na consciência um sofrível par de pecados" (p. 117); D. Maria "devia ter sido muito formosa no seu tempo, porém dessa formosura só lhe restavam o rosado das faces e alvura dos dentes" (p. 165).

Não é preciso multiplicar as citações para notar que a marcante comicidade do romance está intimamente relacionada com os contrastes instaurados pelos comentários judicativos que o narrador entremeia sistematicamente à apresentação de coisas, pessoas, situações e acontecimentos. Mais que isso, o efeito cômico decorre da elaboração desses contrastes no estilo de Manuel Antônio de Almeida, que os apreende e realça no ritmo peculiar das frases. A qualidade especial desse estilo, identificada por Antonio Candido, está no *balanceio* da prosa, que "mostra o outro lado de cada coisa", produzindo, como resultado, a "equivalência dos opostos"[3].

O ritmo dual dos contrastes é quase sempre bastante perceptível na própria sintaxe (em que predominam as adversativas e as concessivas), cuja maleabilidade acomoda as avaliações discrepantes que o narrador enuncia. Os comentários judicativos apontam para direções contrárias, mas coexistem no peculiar balanço da prosa, produzindo os efeitos cômicos.

Além de marcar as descrições, a comicidade dos contrastes também se faz sentir no plano da ação. No capítulo "Progresso e atraso", cujo título por si só já é significativo, o narrador fala da evolução de Leonardo no aprendizado do bê-á-bá: "Apressemo-nos a dar ao leitor uma boa notícia: o menino desempacara do *F*, e já se achava no *P*, onde por uma infelicidade empacou de novo" (p. 126). Aqui, anuncia-se uma "boa notícia" e, ato contínuo, ela se transforma em "infelicidade". Aquilo que num primeiro momento era avaliado de maneira positiva subitamente se converte em outra coisa, revelando a faceta negativa.

A seu tempo veremos que é precisamente essa conversão de algo em seu oposto que marca a dinâmica central da vida de Leonardo, caracterizada pelo narrador como alternância incessante de fortuna e desdita. Com efeito, o balanceio dual marca as *Memórias* no conjunto, desde as células mínimas da sintaxe, as descrições, as ações e condutas de personagens, até o modo de representação e o andamento geral do romance. Por ora, no entanto, vale a pena determo-nos um pouco mais nas consequências do balanceio.

A mobilidade do ponto de vista narrativo é intensa, com grande variação de ângulos e enfoques[4]. Por vezes, o narrador se aproxima da perspectiva de personagens específicos, qualificando as situações conforme a maneira como o próprio persona-

---

3. A. Candido, "Dialética da Malandragem", em *O Discurso e a Cidade*, São Paulo, Duas Cidades, 1993, p. 52.
4. Antonio Candido assinalou essa mobilidade, notando que o narrador "varia com desenvoltura o ângulo secundário" (*op. cit.*, p. 21).

gem a vê. Assim, por exemplo, no episódio em que o compadre embarca como cirurgião num navio negreiro, o narrador diz que "por um feliz acaso [...] adoeceram dois marinheiros" (p. 115), o que só é uma felicidade para o compadre (e somente porque ele conseguirá curá-los na sequência), mas de modo algum para os marinheiros que serão sangrados pelo barbeiro.

Em outros passos, as condutas dos personagens são qualificadas de acordo com uma perspectiva que não é a do personagem em foco, mas que corresponde, ou pode corresponder, à opinião de outros (por assim dizer, à opinião do povo). Ao dizer, sobre a comadre, que "todos a conheciam por muito beata e pela mais desabrida papa-missas da cidade" (p. 103), o narrador a um só tempo descreve um traço da personagem e mantém distância em relação à perspectiva da própria comadre, caracterizando-a pelo olhar de terceiros.

Finalmente, e este é o caso que nos interessa mais de perto, o narrador se distancia mais completamente do próprio universo narrado e dos valores que o governam. Isso se traduz em certos qualificativos irônicos (às vezes destacados em itálico no próprio texto): "obra meritória" (pp. 73, 140); "*devotos* tempos" (p. 85); "*honesta* gente" (p. 93); "*ativos* militares" (p. 110); "honestos cidadãos" (p. 150); "vida tão *regular* e tão *lícita*" (p. 276). Aqui, a ironia pressupõe um conjunto de valores externo, que não corresponde exatamente à perspectiva de nenhum dos personagens, embora paire o tempo todo acima do mundo representado. São valores especificamente modernos, ligados à norma burguesa; eles não fazem parte das referências que norteiam a vida dos personagens, mas se manifestam de modo intermitente no ponto de vista narrativo, cumprindo um papel fundamental na obra. É só na medida em que o narrador e o leitor compartilham da referência a esses valores modernos que se torna possível compreender a ironia e achar graça nos comentários judicativos.

A alternância de perspectivas, acionada pelos movimentos do ponto de vista narrativo, implicitamente coloca em confronto os conjuntos de valores em que as angulações se fundamentam. Como o narrador não se fixa em uma única perspectiva, resulta na prosa um efeito de antimaniqueísmo ou "equivalência do bem e do mal"[5]. A "isenção moral" que Antonio Candido identifica na voz narrativa não se deve à ilusão de neutralidade criada pela impessoalização do discurso (como no ideal do romance moderno, convencionalmente associado a Flaubert e Henry James); ao contrário, a isenção decorre do excesso de intromissões do narrador. Mas a singularidade da prosa das *Memórias* não está no emprego desse recurso técnico (a intrusão ainda era procedimento corrente na primeira metade do século xix), e sim no fato de que essas intromissões não correspondem a um sistema fixo e coerente de valoração. Ao desenvolver o potencial cômico dos contrastes, a voz narrativa incorpora a coexistência de princípios divergentes, explorando suas contradições. Como resultado da alternância de perspectivas, armam-se tensões que não se resolvem – e que só encontram distensão sob a forma do riso provocado no leitor, o que é menos um modo de resolvê-las do que de torná-las suportáveis.

Assim, a comicidade das *Memórias* – muito apreciada pela crítica, mas pouco estudada em seus pressupostos – depende desses movimentos do narrador. O efeito cômico baseia-se principalmente em certa ironia maliciosa, feita de contrastes e de insinuações. Com frequência, o narrador se vale de significados implícitos, amparando-se na variação do enfoque para alcançar uma comicidade maliciosa. O efeito (mas não a feição) dessa prosa irônica acaba-se assemelhando ao do estilo imparcial do romance da segunda metade do século xix (como o flaubertiano), pois implica a incorporação simultânea de perspectivas sociais divergentes, embora os fundamentos histórico-sociais que levam a essa convergência sejam bastante diferentes[6].

---

5. A. Candido, *Formação da Literatura Brasileira: Momentos Decisivos*, 7. ed., Belo Horizonte, Itatiaia, 1993, vol. 2, p. 195; a ideia é retomada em "Dialética da Malandragem", pp. 39 e 52.
6. Apoio-me em R. Schwarz, *Um Mestre na Periferia do Capitalismo: Machado de Assis*, São Paulo, Duas Cidades, 1990, cap. 9

"ERA NO TEMPO DO REI" (II)

A primeira frase das *Memórias* assinala o tempo histórico em que transcorre a narrativa no mesmo passo em que sugere algo da atemporalidade folclórica, devido à semelhança com a frase-padrão que inicia os contos da carochinha[7]. Além de indicar o recuo temporal, a frase de abertura anuncia também outro aspecto crucial: uma espécie de coexistência do senso histórico e a-histórico que se manifestará no modo de representação e que, influindo no andamento da ação, terá consequências formais importantes.

A expressão "tempo do Rei velho", comum na época em que Manuel Antônio escrevia, deveria remeter inequivocamente ao período de estadia de D. João VI e sua corte no Rio de Janeiro. A descrição do "canto dos meirinhos", que se segue à frase de abertura, dá concretude ao espaço e ao tempo da ação, o que convida à leitura da frase inicial como indicadora de certo senso histórico, tanto na visada do narrador, que observa o passado em perspectiva, quanto no próprio mundo representado, que é balizado por coordenadas espaciais e temporais determinadas[8].

Os pontos de referência históricos mencionados no trecho inicial do romance inserem a ação em uma temporalidade específica e em uma localidade específica. Essas notações são precisas e acabam por aludir também a questões mais amplas (a transmigração da corte, por si só, evoca eventos políticos de caráter histórico-mundial); desse modo, parecem sugerir a impregnação do dinamismo da História na própria narrativa.

Porém, ao mesmo tempo em que a perspectiva histórica se insinua, inscreve-se na narrativa um aspecto atemporal que parece

---

7. Procurando identificar traços folclóricos e semifolclóricos nas *Memórias*, A. Candido aproxima alguns elementos do romance ao universo da "indeterminação da fábula, onde há sempre 'um rei', 'um homem', 'um lenhador', 'a mulher do soldado' etc." ("Dialética da Malandragem", p. 27).

8. A isso se liga a dimensão documental de certas descrições: no romance, o "canto dos meirinhos" é apresentado com intenção verista, coincidindo, em grande parte, com a descrição feita por Luccock, *Notas sobre o Rio de Janeiro e Partes Meridionais do Brasil*, Belo Horizonte/São Paulo, Itatiaia/Edusp, 1975, p. 70.

não se ajustar bem ao senso histórico que se vinha instaurando. Sendo também anunciada na frase de abertura, essa dimensão liga-se ao veio mais ou menos inespecífico das narrativas populares[9]. A indeterminação da fábula ou do conto de fadas tende a dissolver a concretude de tempo e lugar; nisso, pelo menos à primeira vista, parece contrariar o senso de historicidade indicado pelas coordenadas particularizadoras e pelo enquadramento temporal do ponto de vista. Assim como o ritmo da prosa balanceia para conjugar os opostos, o andamento da ação e os recursos de representação fazem com que as dimensões histórica e a-histórica coexistam no modo de narrar das *Memórias*.

No tocante à temporalidade histórica, cabe lembrar que, no número da "Pacotilha" em que teve início a publicação das *Memórias*, o primeiro capítulo do romance vinha antecedido de um texto que, entre outros comentários gerais, fazia menção à narrativa que se começava a publicar. Nele afirmava-se que as *Memórias* contariam "uma história que não deixa de ser longa, por ter tido seu princípio no tempo do rei e acabar neste em que nos achamos"[10]. Esse arco temporal acabou não sendo abrangido pelo romance, mas o texto de apresentação do jornal pode ser tomado como indício de que havia intenção do autor de abarcar uma temporalidade de balizas históricas precisas. No

---

9. O caráter popularesco das *Memórias*, indicado por Antonio Candido, também se mostra no aproveitamento de causos populares em alguns dos episódios. Zenir Campos Reis notou o fundo popular da história do "naufrágio dos potes" contada por José Manuel (p. 193), remetendo à utilização da mesma anedota por Martins Pena na crônica-relato "Uma Viagem na Barca a Vapor", de 1839 (Z. C. Reis, "O Mundo do Trabalho e seus Avessos: A Questão Literária (Primeiras Notas)", em Alfredo Bosi (org.), *Cultura Brasileira: Temas e Situações*, São Paulo, Ática, 1987, p. 50; o texto de M. Pena pode ser lido em B. Lima Sobrinho, *Os Precursores do Conto no Brasil*, Rio de Janeiro, Civilização Brasileira, 1960, pp. 239-244). Acrescente-se que há também forte semelhança entre o episódio do "papai lelê" (t. 2, cap. XIX) e uma historieta ouvida e registrada, em momento posterior, por Ferreira de Rezende (*Minhas Recordações*, Belo Horizonte/São Paulo, Itatiaia/Edusp, 1988, pp. 174-175), o que possivelmente indica tratar-se de outro causo de matriz popular aproveitado por Manuel Antônio

10. "Pacotilha", n. 73, 27.6.1852, p. 1, *apud* C. de Lara, *op. cit.*, p. 61; o trecho também é citado por M. M. Jarouche, *op. cit.*, p. 149.

entanto, a concretização histórica se esfuma à medida que a narrativa avança, devido aos elementos que introduzem no romance certa indeterminação fabular.

A propósito, vale notar que um crítico, caçando incoerências no texto, deu-se ao trabalho de contabilizar o período de anos que teriam decorrido desde o nascimento de Leonardo até sua ascensão ao posto de sargento. Conforme seus cálculos, se a chegada de Pataca ao Brasil ocorreu no tempo do Rei, então a ação do romance deveria estender-se, no mínimo, até por volta de 1831, ultrapassando em muito a época da permanência de D. João VI no Rio de Janeiro[11].

É preciso admitir que a vida de Leonardo não poderia transcorrer inteira durante o período joanino (o que, aliás, está de acordo com a intenção explicitada no texto da "Pacotilha"), mas é certo também que nas *Memórias* não há qualquer menção aos eventos políticos que marcam o fim daquela época e o início do período oficialmente nacional. Tudo se passa como se o autor simplesmente tivesse esquecido de mencionar a independência política do Brasil, apesar da intenção original de acompanhar o arco histórico desde a época de D. João até o presente (do autor), o que pode dar a impressão de que no romance o tempo do rei se alarga desmesuradamente, para além de seus limites reais.

De outro ângulo, essa atenuação das referências históricas poderia indicar que o modo de representação literária, embebido de elementos da fábula, obedece a uma lógica diferente da que governa o romance histórico ou a narrativa historiográfica. É certo que o andamento da ação das *Memórias* não se ancora nas balizas da história política do país, mas isso não faz com que o sentido histórico do romance desapareça; a dissolução dos referenciais, talvez involuntária, antes acentua a sua peculiaridade. Na medida em que acompanha o ritmo da vida popular, e não os grandes eventos políticos de cuja participação efetiva os

---

11. Ver W. Martins, "Filho de uma Pisadela e um Beliscão", em *História da Inteligência Brasileira*, vol. II (1794-1855). São Paulo, Cultrix/Edusp, 1977-1978, pp. 483-485.

pobres estavam apartados, a narrativa sinaliza a permanência do ritmo essencial da vida corriqueira dos pobres – uma permanência funesta que faz evaporar a significância daqueles eventos sobre os quais se construía a História nacional.

Tratando de tema correlato, Roberto Schwarz menciona certo "sumiço do passado" na consciência histórica e na autojustificação dos brasileiros. Segundo ele, a ausência do passado na autoconsciência dos brasileiros deve-se à estabilidade perversa das relações de base, isto é, à persistência de relações de iniquidade e injustiça, frente à qual as datas históricas acabam ganhando certo ar de irrelevância[12]. Nas palavras de Schwarz, a falta de dimensão histórica tem, ela própria, fundamento histórico: este se prende à situação em que vivem os pobres, cortados da esfera da cidadania e dos benefícios materiais do progresso. A diluição da História ao longo da narrativa aponta para a distância gigantesca entre a vida popular e os feitos históricos comandados pela elite. Da perspectiva dos pobres, as sucessivas modernizações que periodicamente têm lugar no país acabam por adquirir significado difuso, uma vez que pouco alteram as condições efetivas de suas vidas[13]. Desse modo, a coexistência dos ritmos histórico e a-histórico nas *Memórias* constitui uma das forças da narrativa, não porque se desprenda do molde histórico-social que é seu "referente" (como chega a sugerir Candido[14]), mas porque a figuração literária o implica.

---

12. R. Schwarz, *Sequências Brasileiras*, São Paulo, Companhia das Letras, 1999, pp. 111-112.

13. Cf. R. Schwarz, *Ao Vencedor as Batatas*, 2. ed., São Paulo, Duas Cidades, 1981, p. 163, nota 22. Sobre a repercussão dos acontecimentos políticos na vida dos pobres, ver E. Viotti da Costa, "Introdução ao Estudo da Emancipação Política do Brasil", em *Da Monarquia à República*, 7. ed., São Paulo, Ed. Unesp, 1999.

14. Depois de ter indicado a correspondência entre a estrutura literária e o dinamismo social, Candido atribuirá a força das *Memórias* à dissolvência da realidade no populário, que tende a "reduzir tudo à amplitude da 'natureza humana'" ("Dialética da Malandragem", p. 52).

TIPOS, DESENVOLVIMENTO, REPETIÇÕES

Como já foi muitas vezes observado pela crítica, a maioria dos personagens não tem nome; eles são referidos por sua função social ou posição no sistema de relações interpessoais: "o barbeiro", "a comadre", "a vizinha", "o mestre de cerimônias", "a cigana", "o fidalgo" etc.; e mesmo os que têm nome são frequentemente designados por meio do mesmo procedimento: "o meirinho", "o menino", "o major". Retratados de maneira caricatural, os personagens não se apresentam como individualidades singulares, aproximando-se antes de personagens-tipos que aludem a categorias sociais. O narrador os caracteriza apanhando alguns poucos traços, sem preocupação aparente de explorar-lhes os abismos da alma (o que não quer dizer que não haja elementos psicológicos na obra).

Esse modo de figuração, em que se confere aos personagens certa representatividade mais geral, indica que o romance busca examinar a norma, isto é, procura fixar literariamente os padrões característicos da sociedade a que o romance alude – uma norma que discrepa do modelo postulado pelas sociedades avançadas. Ao introduzir o relato da vida de Leonardo-Pataca, o narrador indica que "sua história tem pouca coisa de notável" (p. 67); e é precisamente por não apresentar muitos componentes excepcionais que a mediania de Pataca serve ao propósito da narrativa, o mesmo ocorrendo com os outros personagens. A tendência tipificante se verifica também na descrição dos costumes do Rio joanino. Muitos quadros descritivos (como notou Antonio Candido[15]) não mostram costumes e festas em sua particularidade, apresentando antes imagens paradigmáticas desses eventos. A descrição da casa do fidalgo serve como ilustração de como eram todas as casas ricas do tempo (t. 1, cap. x), assim como a apresentação da festa de batizado do herói dispensa a descrição de outras "funções" semelhantes, como a da comemoração do aniversário da cigana (t. 1, cap. xv).

15. Cf. A. Candido, *op. cit.*, p. 33.

À primeira vista, isso ocorre em virtude do teor informativo e documental das descrições, pois o narrador se abstém de descrever o que é conhecido em seu tempo ("Todos sabem o que é o Império, e por isso o não descreveremos" [t. 1, cap. xx]). Mas há outras descrições em que o narrador busca apreender significados mais ou menos ocultos sob a aparência superficial dos eventos, ou melhor, busca expor as motivações dos personagens. A partir desse exame dos móveis das ações dos personagens, a narrativa vai fixando certas similaridades fundamentais, que definem os comportamentos "típicos" do mundo das *Memórias*. Juntamente com a visualidade colorida das festas e costumes antigos, o narrador procura discernir a regra das condutas e dos modos de convivência daquela sociedade, buscando assinalar como diferem do ideal moderno.

Assim, embora haja certa diversidade nas descrições de cenas e costumes, isso se limita, muitas vezes, à visualidade exterior. Pode-se dizer que é sobretudo nessa camada pitoresca que se encontram os *contrastes* entre passado e presente (pois o narrador esmera-se em descrever aquilo que não mais existe em seu próprio tempo). Por outro lado, ao tratar das motivações dos comportamentos humanos, a narrativa assinala a constância de certos padrões (cuja abrangência no romance examinaremos depois). É nesses padrões discernidos nos comportamentos dos personagens que a narrativa insinua as principais *continuidades* do jogo passado-presente. Daí a sugestão irônica de que o país mudou (na camada exterior) e não mudou (na estrutura profunda).

Quanto às implicações narrativas, cabe notar que esse modo de representação tipificante dos personagens não favorece a figuração do desenvolvimento individual. Como no romance de aventuras, os tipos tendem a permanecer estáticos (internamente): não passam por maiores aprimoramentos ou transformações substanciais (e nesse sentido o romance de aventuras seria a antítese do romance de formação[16]). Uma das consequências

---

16. Aproveito, aqui, uma formulação de F. de Matos, "'O Ingênuo' e as Aventuras da Formação", *Folha de S. Paulo*, 20 de novembro de 1994, Caderno Mais!, p. 6, que no entanto remete a um esquema (de Bakhtin) talvez excessivamente formalista.

dessa modalidade de representação literária é que o peso do tempo torna-se pouco significativo; na expressão de Antonio Candido, "o tempo não atua sobre os tipos fixos desse romance horizontal"[17]. É o caso de Leonardo, que, desde menino até a idade adulta, não passa por maiores modificações quanto à definição do seu modo de ser: as situações externas se alteram, assim como sua posição no sistema de relações; mas ele mesmo permanece imutável, pois sua trajetória não lhe fornece qualquer acúmulo real de experiência.

No decurso da narrativa, os personagens agitam-se sem parar, alternam posições numa movimentação incessante de viravoltas em sucessão, mas o tempo não os conduz a modificações essenciais. Em lugar da temporalidade progressiva, que inexiste como elemento de composição, encontra-se a sucessão de episódios, mais ou menos repetitivos, sem desdobramento das tensões.

Na ausência de um tempo dinâmico, a qual impossibilita o desenvolvimento dos personagens e o desdobramento das situações, a narrativa só pode organizar-se como sequência de episódios mais ou menos descontínuos, governada pelas reviravoltas da Fortuna, e não tanto pelas ações do protagonista. Esse é um traço do romance que chama a atenção, tendo sido registrado por alguns críticos. Nas *Memórias*, "tudo é reviravolta"[18], sua estrutura é de "permanente alternância"[19], sua "lei principal [...] é o movimento", ou ainda: "O movimento de sarabanda [...] constitui [...] o nervo da composição"[20]. O próprio narrador diz que a vida de Leonardo é regida por uma espécie de "lei das compensações": "se a cada passo [Leonardo] encontrava contrariedades e antipatias, também lhe não faltavam por contrabalanço simpatias e favores" (p. 258); ou, na formulação mais conhecida:

17. A. Candido, *Formação da Literatura Brasileira*, vol. 2, p. 197.
18. J. G. Merquior, *De Anchieta a Euclides: Breve História da Literatura Brasileira*, Rio de Janeiro, José Olympio, 1977, p. 71
19. W. N. Galvão, "No Tempo do Rei", em *Saco de Gatos*, São Paulo, Duas Cidades, 1976, p. 28.
20. A. Candido, *Formação da Literatura Brasileira*, vol. 2, pp. 197-198.

"para ele não havia fortuna que não se transformasse em desdita, e desdita de que lhe não resultasse fortuna" (p. 299).

Além disso, não é somente Leonardo que se caracteriza por certa agitação, mas todos os personagens das *Memórias*, que só fazem suas aparições na medida em que estão implicados na sarabanda, isto é, na medida em que estão envolvidos diretamente nas situações pelas quais os dois Leonardos passam[21]. Impelidos pela busca de satisfações imediatas, os personagens sofrem percalços amorosos, defrontam-se com a lei ou fogem dela, mexem-se à procura de arranjos, armam intrigas ou tumultuam o romance com rivalidades sucessivas. São esses, como veremos, os principais elementos presentes no enredo e que caracterizam boa parte da movimentação das *Memórias*.

Como consequência disso, os personagens principais são lançados de uma situação a outra, e em cada uma delas novos personagens secundários são introduzidos, outros desaparecem, com viravoltas sobre viravoltas, acentuando a sensação de variedade e movimentação. Isso se coaduna com a organização em episódios, que se substituem em sucessão, articulados por conexões causais imediatas, mas não por uma causalidade que governe a sequência narrativa como um todo (como aquele princípio causal que confere caráter dramático a certos enredos do romance romântico-realista). Por isso, nas *Memórias* as situações são frouxamente ligadas, e a ordenação dos episódios é menos importante do que o efeito do conjunto, sobretudo na primeira parte do romance. Mas, no tocante à atuação do tempo, isto é, ao desenvolvimento dos personagens, tudo permanece fundamentalmente estático.

Uma vez que não há continuidade dos episódios, ou melhor, como as situações iniciais não conduzem de modo necessário às outras, não há propriamente desdobramento dos elementos fixados numa situação. Ao contrário, cada novo episódio tende a tomar o lugar do anterior, sem desenvolver as linhas de víncu-

---

21. Cf. A. Candido: "as pessoas [...] valem na medida em que se agitam; fora de cena, desaparecem" (*Formação da Literatura Brasileira*, vol. 2, p. 198).

los, rompimentos, ajustes e conflitos esboçados nas relações dos protagonistas com os personagens secundários; por isso, estes podem ser simplesmente abandonados pelo narrador, sem que voltem a aparecer na história. Desse modo, o reverso complementar das mudanças na situação exterior é certa permanência, não apenas do modo de ser dos personagens, mas também da própria vida, que recomeça, sempre igual, a cada virada.

Esse padrão é um dos aspectos que definem a peculiaridade do andamento do enredo, que se manifesta nas repetições. Curiosamente, a repetição chega a ser tematizada pelo próprio narrador em mais de uma passagem. No início, o tema aparece como justificativa para saltar alguns anos da vida de Leonardo e assim "não cansar o leitor repetindo a história de mil travessuras de menino no gênero das que já se conhecem" (p. 131). Alguns capítulos depois, o comentário do narrador trai como que a impossibilidade de evitar a repetição: "Os leitores devem já estar fatigados de histórias de travessuras de criança" (p. 171), diz ele, pretendendo aliviar o leitor, ao iniciar a nova fase da vida do herói, com a entrada em cena de Luisinha, por quem Leonardo se apaixonará. O foco sobre as relações amorosas imprimirá certa curva ao enredo, mas isso não impede que a repetição persista. Tanto é assim que, perto do final do romance, o narrador retorna ao tema e, um pouco como se se desculpasse pelas repetições, considera uma infelicidade "estar caindo na monotonia de repetir quase sempre as mesmas cenas com ligeiras variantes" (p. 307).

Tudo se passa como se, por mais que se esforçasse por evitá-la, o narrador não conseguisse esquivar-se à repetição; e a explicação que ele mesmo fornece para isso sugere que é a própria matéria que leva a narrativa a repetir-se: "a fidelidade porém com que acompanhamos a época, da qual pretendemos esboçar uma parte dos costumes, a isso nos obriga" (p. 307). Mas a repetição certamente não se deve à simples descrição da superfície variada dos costumes, e sim à recorrência dos padrões de comportamento encontrados pelo narrador sob a encenação dos festejos e das situações apresentadas.

Com efeito, se nas *Memórias* há movimentação assim como imobilismo, a repetição – que apreende tanto variações externas quanto a estrutura imutável – contém ambos os momentos. Mais ainda, é próprio da repetição que ela não aponte para um futuro diferente, mas apenas para a perpetuação do mesmo em suas diversas manifestações. Esse ritmo, nas *Memórias*, assemelha-se antes à combinação de mudança e permanência que caracteriza a História do país.

Como se sabe, o peculiar ritmo histórico da formação nacional foi-se definindo segundo um dinamismo em que o progresso repõe as relações sociais geradas na Colônia em lugar de aboli-las, reproduzindo as anomalias da sociedade, que não eram meros resíduos do passado nem desvios do padrão moderno, mas sim "*resultados* funcionais ou disfuncionais da economia contemporânea, a qual excede os limites do país"[22]. Esse ritmo, em que o progresso repõe as iniquidades e não integra a nação, é característico da história brasileira: ao longo de suas sucessivas modernizações conservadoras, reproduzem-se continuamente as clivagens econômico-sociais em contextos transformados e em novos patamares, sem alterar os elementos estruturais[23]. Apreendendo essa combinação no andamento e na organização da narrativa, o romance de Manuel Antônio dá configuração literária ao ritmo histórico próprio da formação social que analisa[24].

---

22. R. Schwarz, "Um Seminário de Marx", em *Sequências Brasileiras*, p. 95.

23. Como diz E. Viotti, as mudanças ocorridas entre 1822 e 1889 não alteraram profundamente as estruturas socioeconômicas, e o resultado foi "a perpetuação de valores tradicionais elitistas, antidemocráticos e autoritários, bem como a sobrevivência de estruturas de mando que implicam a marginalização de amplos setores da população" (E. Viotti da Costa, *Da Monarquia à República*, pp. 15-16).

24. Não por acaso, esse ritmo ressurge constantemente no romance brasileiro, em que se manifesta de vários modos; pode-se dizer sem muito exagero que está presente em romances tão diferentes quanto *Memórias Póstumas de Brás Cubas*, *Macunaíma* e *Grande Sertão: Veredas*, chegando até nossos dias, em *Estorvo*, de Chico Buarque, e *Cidade de Deus*, de Paulo Lins. Ver R. Schwarz, *Um Mestre na Periferia do Capitalismo*, p. 224; *Sequências Brasileiras*, pp. 163-171 e 178-181; J. A. Pasta Jr., "O Romance de Rosa: Temas do *Grande Sertão* e do Brasil", *Novos Estudos CEBRAP*, São Paulo, n. 55, novembro de 1999, pp. 61-70.

Reatando com o que foi dito sobre a construção dos personagens, observe-se a cena em que se descreve o batizado do protagonista. A representação tipificante e caricatural, normalmente compreendida apenas como um método de representação entre outros, sinaliza também uma escolha técnica adequada para a figuração dos personagens inseridos no universo de relações apresentado na narrativa.

Embora o menino Leonardo seja anunciado, desde o primeiro capítulo, como o herói da história, o narrador demora a mencionar seu nome: o capítulo inicial apresenta uma descrição minuciosa da festa de batizado, mas nela não há qualquer referência ao nome dado à criança. À primeira vista, isso parece um contra-senso, pois dar o nome está no centro da cerimônia de batizado. O narrador só se lembrará de indicar o nome do protagonista no capítulo XVIII, o que já foi tomado pela crítica como indício do suposto desleixo do autor; mas, no tocante ao resultado literário, a demora acabou cumprindo uma função sugestiva na economia narrativa (e por isso seria ocioso especular se a falta do nome foi intencional ou não): ao invés da singularização do herói, que permanecerá durante bom tempo como "o menino", o episódio dá destaque a um dos componentes do modo de relacionamento dominante no espaço social do romance. Na apresentação da cerimônia de batizado do protagonista, é menos importante a atribuição do nome do que o estabelecimento do compadrio – espécie de amplificação da família, fundada, quando não em vínculos de sangue, em laços espirituais de cunho afetivo. Trata-se, como se sabe, de um costume herdado dos portugueses e profundamente arraigado no funcionamento das relações interpessoais no país.

Se não há discussão quanto à definição da parteira como madrinha, a escolha do padrinho é marcada por um breve desacordo entre Pataca, que quer o Sr. Juiz, e as duas mulheres, Maria da Hortaliça e a comadre, que preferem o barbeiro. A opção de Pataca indica o desejo de buscar a proteção de uma figura de maior poder e prestígio social, subordinando-se à hierarquia da profissão que exerce; a das mulheres sugere a preferência pela simples e humilde solidariedade do vizinho. Diferentemente do compadrio entre o rico e o pobre, ligado às relações de dependência, o compadrio sem laço de sangue entre pobres não se baseava tanto na proteção econômica – embora obrigasse ao auxílio quando fosse necessário –, mas instituía primeiramente uma espécie de parentesco espiritual, que implicava o compromisso mútuo entre as partes assim ligadas[25].

Embora apareça no romance como traço mais diretamente associado à vida popular, sobretudo quando vista da perspectiva "moderna", para a qual os hábitos tradicionais parecem resíduos que permanecem no setor menos penetrado pelos modos "avançados" de relacionamento, o compadrio apresenta uma estrutura cujos traços básicos ultrapassam o modo de convivência específico aos pobres, para definir uma das facetas do tipo de sociabilidade predominante nas *Memórias*: o sentido da relação aparece no compadrio propriamente dito – em decorrência do qual o padrinho barbeiro e a madrinha parteira serão os principais personagens a auxiliarem Leonardo em sua trajetória ascendente – e reaparecerá também fora do círculo estritamente familiar, sob a forma do empenho ou compadresco, relação clientelista em que se atualizam vínculos de cunho parafamiliar e em busca da qual os personagens se movimentam em ritmo acelerado.

O que se reencontra, aqui, é o padrão familista dos relacionamentos, que permeia a sociedade brasileira, já bastante explorado pela historiografia. De acordo com Sérgio Buarque, a organização familiar de tipo patriarcal, em que o princípio de autoridade é indisputado, forneceu "a ideia mais normal do poder, da respeitabilidade, da obediência e da coesão entre os homens". Esse modelo foi tão poderoso que se estendeu para além do círculo da família, lançando sua sombra sobre o conjunto da

---

25. Ver C. Cascudo, "Compadre e Comadre", *Jangada Brasil*, ano III, n. 34, junho de 2001. <http://jangadabrasil.com.br/junho34/pn34060c.htm>. Sobre o compadrio entre pobres, ver A. Candido, "The Brazilian Family", em T. Lynn Smith & Alexander Marchant (ed). *Brazil: Portrait of Half a Continent*, New York, Dryden, 1951, pp. 291-312; e "A Vida Familiar do Caipira", em *Os Parceiros do Rio Bonito*, 4. ed., São Paulo, Duas Cidades, 1977, pp. 229-254.

sociedade brasileira, e deixou sua marca nos relacionamentos em todas as atividades e em todas as esferas da vida pública. Moldada dessa maneira, qualquer associação de indivíduos decorreria menos do interesse comum ou da comunhão de ideias do que dos sentimentos e deveres próprios à comunidade doméstica. O resultado é que prevalecem, na vida social, relações fundadas em laços emotivos, de caráter particularista, numa "invasão do público pelo privado, do Estado pela família"[26].

Esse padrão terá importância no enredo das *Memórias*, explicitando-se numa fala de Chiquinha: numa discussão com Leonardo, ela o acusa de ter estragado uma almofada dela só para desfeiteá-la, "como se fosse aqui um dono de casa que pudesse desfeitear a qualquer sem que nem para quê!..." (p. 232). A frase de Chiquinha é duplamente significativa: pretende desqualificar Leonardo por não ser ele o chefe da casa (e sim Pataca, com quem ela se juntara), e pressupõe com toda naturalidade que os patriarcas das famílias poderiam desrespeitar qualquer um, mesmo sem ter algum motivo para isso; desse modo, explicita-se a naturalidade e a gratuidade do autoritarismo na sociedade figurada no romance.

Indiquemos, por ora, apenas o vínculo entre a hipertrofia das relações de fundo afetivo-familista e a representação tipificante dos personagens. No campo literário, pode-se dizer que os tipos tradicionais da literatura pré-burguesa ligavam-se a um modo de representar pouco permeado pela História, a que se contrapõe a crescente concretização da singularidade individual no romance burguês, marcada pela intensificação da consciência histórica (que se liga ao desenvolvimento histórico das sociedades "avançadas"). Contudo, referida ao quadro das relações

---

26. S. B. de Holanda, *Raízes do Brasil*, 20. ed., Rio de Janeiro, José Olympio, 1988, pp. 50 e 106. Ver também os estudos clássicos de G. Freyre, *Casa-grande e Senzala*, 8. ed., Rio de Janeiro, José Olympio, 1954; *Sobrados e Mucambos*, 9. ed., Rio de Janeiro, Record, 1996. Seria talvez o caso de notar que, embora o patriarcalismo provenha da tradição ibérica, encontravam-se no Brasil condições específicas que favoreciam seu florescimento devido ao predomínio do trabalho escravo, diferentemente do que ocorria em Portugal, onde a presença do escravo era marginal.

da sociedade brasileira, a dimensão tipificada dos personagens das *Memórias*, que discrepa da representação do indivíduo nos termos burgueses, não remete apenas a uma visão a-histórica ou atemporal dos comportamentos humanos: apresenta também um componente mimético, que capta a historicidade própria do estatuto do indivíduo nas condições peculiares do país. Sem poder escapar aos laços familistas que moldam os relaciona-mentos, os personagens não alcançam existência independente, ficando privados de liberdade e dos direitos civis e políticos, de tal modo que existiam como pessoas, mas não como cidadãos[27]. Nesse quadro, fica inviabilizada, de saída, a representação do indivíduo nos termos do romance realista, embora a referência à norma burguesa permaneça, sendo ela indispensável para o efeito cômico das *Memórias*.

FUNDAMENTOS HISTÓRICO-SOCIAIS

Sede da Corte em 1808, o Rio de Janeiro iria cumprir papel central durante o século XIX, passando a concentrar o aparato administrativo e burocrático do Brasil independente, e dispondo de um porto que canalizava dois terços do comércio externo do país e que era escala quase obrigatória das grandes carreiras marítimas[28]. O crescimento de sua importância havia sido impulsionado pela transferência da Corte no início do século, quando se iniciaram as mudanças que, pouco depois, colocariam o Rio de Janeiro na posição de maior centro urbano, econômico, político e cultural do Império.

27. "Não existe, entre o círculo familiar e o Estado, uma gradação, mas antes uma descontinuidade e até uma oposição. [...] Só pela transgressão da ordem doméstica e familiar é que nasce o Estado e que o simples indivíduo se faz cidadão [...]" (S. B. de Holanda, *Raízes do Brasil*, p. 101).
28. Ver L. F. de Alencastro, "Joaquim Nabuco, *Um Estadista do Império*", em Lourenço Dantas Mota (org.), *Introdução ao Brasil: Um Banquete no Trópico 1*, São Paulo, Ed. Senac, 1999, pp. 113-131.p. 118; e "Vida Privada e Ordem Privada no Império", em *História da Vida Privada no Brasil*, vol. 2, São Paulo, Companhia das Letras, 1997, p. 24.

Quando Manuel Antônio escrevia as *Memórias* para o *Correio Mercantil* (1852-1853), estava em andamento o surto modernizador que ocorreria no Rio de Janeiro, com a liberação de capitais antes empregados no tráfico negreiro para investimento em outros setores. Da perspectiva de meados do século, o período joanino (1808-1821) – em que o Brasil deixou de ser nominalmente colônia (1815) – era considerado um período de ruptura com o passado, durante o qual o país teria encontrado o caminho em direção à civilização moderna, deixando para trás o atraso da condição colonial, num processo que se pretendia completado em 1822 (tal é a visão expressa, por exemplo, por Gonçalves de Magalhães em 1836[29]). O mundo apresentado nas *Memórias*, contudo, apontava para outra direção.

As providências administrativas tomadas durante a estadia de D. João VI no Brasil levaram a certo desenvolvimento da cidade, pelo menos em relação à situação anterior: além da abertura dos portos, da instalação de manufaturas e da fundação do primeiro Banco do Brasil, montou-se uma máquina estatal para empregar os cortesãos que acompanharam o rei, e novas instituições públicas começaram a funcionar (entre elas a Intendência Geral da Polícia e a Guarda Real, referências indiretas das *Memórias*). Foi só então que certa linha entre o público e o privado começou a se delinear, embora estivesse longe de estabelecer a separação das esferas[30].

No plano da vida corriqueira, as mudanças ocorridas no Rio joanino levaram a alterações nos costumes dos habitantes, devido ao aumento da importação de produtos manufaturados, bem como à maior proximidade com a gente da Corte e com

---

29. Ver G. de Magalhães, "Discurso sobre a História da Literatura no Brasil", em Afrânio Coutinho (org.), *Caminhos do Pensamento Crítico*, Rio de Janeiro/Brasília, Pallas/INL, 1980, vol. 1, pp. 23-38. Sobre o grupo da *Niterói*, ver M. O. Pinassi, *Três Devotos, Uma Fé, Nenhum Milagre*, São Paulo, Ed. Unesp, 1998.

30. Cf. L. de Mello e Souza, "Conclusão", *História da Vida Privada no Brasil*, vol. 1, São Paulo, Companhia das Letras, 1997, p. 440. O estudo clássico sobre o período é o de Oliveira Lima, *D. João VI no Brasil*, 3. ed. Rio de Janeiro, Topbooks, 1996.

alguns estrangeiros. A Inglaterra, que sofria o bloqueio continental montado por Napoleão e carecia de produtos tropicais, beneficiava-se com a abertura dos portos e despejava suas mercadorias no Rio de Janeiro. Ocorreu, então, um aumento de consumo de produtos importados, que, em escala menor, prenunciava o arranco seguinte, após 1850, marcado pela entrada maciça de modernidades europeias[31]. Aliado a isso, o contato cotidiano com os cortesãos contribuía para certa disseminação de modas e usos da Europa, atualizando os bem-situados no tocante a maneiras de trajar e de comportar-se. Houve assim, pelo menos no núcleo urbano, certa tendência à europeização, que se verificava entre os mais abastados, mas não – já se adivinha – entre a "gente pobre, que morava em casas térreas no centro da cidade e não quer, nem pode, trocar hábitos velhos por modernas estrangeirices"[32].

No campo das ideias, o período joanino correspondeu, nas palavras de Antonio Candido, à "nossa *Aufklärung*", que se manifestou principalmente no ensaísmo político. Foi nessa época que se realizou no país a "promoção das luzes", configurando-se, pela primeira vez, uma vida intelectual em que as fórmulas ilustradas procuravam fundir no cidadão o intelectual e o político. Segundo o crítico, o posicionamento ilustrado de alguns intelectuais da época, voltados para a aplicação prática das ideias, inspirou a geração que preparou e fez a Independência[33]. Mas também as Luzes restringiam-se a uma pequena elite: a maioria da população, destituída de meios materiais e de instrução formal para ter acesso a essas novidades, não chegava sequer a tomar conhecimento daquelas doutrinas[34].

---

31. Cf. L. F. de Alencastro, "Otimismo ontem e hoje", *Veja*, 8 de janeiro de 1997, p. 106.
32. S. B. de Holanda, "Cultura e Sociedade no Rio de Janeiro (1808-1821)", em *Livro dos Prefácios*, São Paulo, Companhia das Letras, 1996, pp. 342-344. Ver também E. Viotti da Costa, *Da Monarquia à República*, pp. 240-241.
33. Ver A. Candido, *Formação da Literatura Brasileira*, vol. 1, cap. VII. Sobre a independência, ver E. Viotti da Costa, "Introdução ao Estudo da Emancipação Política", em *Da Monarquia à República*.
34. Cf. E. Viotti da Costa, *Da Monarquia à República*, p. 30.

Com a realização da Independência, ficou claro que o funcionamento da *Aufklärung*, tal como instrumentalizada pela elite brasileira, deu resultados em tudo contrários ao que a Ilustração professava: "De ideal *ilustrado*, teoricamente universal e altruísta, ele se tornou em boa parte um saber de classe e de grupo, um instrumento de dominação que serviu por sua vez para segregar o povo e mantê-lo em condição inferior pela privação do saber"[35].

Como se sabe, a emancipação política do país – episódio da "passagem para a nova ordem internacional definida pela posição hegemônica do capitalismo inglês"[36] – teve caráter conservador, mantendo-se a monarquia e a escravidão. Ou seja, o país se inscrevia no mundo moderno mediante a reprodução das relações tradicionais ligadas à ordem escravista. Latifúndio, trabalho escravo e monocultura de exportação permaneciam inalterados, e assim também o sistema de relações próprio a essa organização econômico-social, isto é, as relações dos proprietários com os escravos, baseadas na sujeição brutal, e as relações dos proprietários com seus dependentes, baseadas no clientelismo. Embora as ideias e argumentos da burguesia fossem adotados com sofreguidão, na prática efetiva prevaleciam os velhos relacionamentos sustentados pelo latifúndio[37].

---

35. Ver A. Candido, "Perversão da *Aufklärung*", em *Textos de Intervenção*, São Paulo, Duas Cidades, 2002, p. 321. Ver também R. Schwarz, "As Ideias Fora do Lugar", em *Ao Vencedor as Batatas*, pp. 13-28. De certo modo, o funcionamento da ideologia ilustrada nas condições locais punha a nu o movimento próprio da *Aufklärung*, que também nos países centrais acabaria por reverter em seu contrário. O estudo fundamental sobre o tema é o de Adorno & Horkheimer, *Dialética do Esclarecimento*, Rio de Janeiro, Jorge Zahar, 1985.

36. Expressão de P. Arantes, *Sentimento da Dialética*, Rio de Janeiro, Paz e Terra, 1992, p. 87. Ver também F. Novais, "Passagens para o Novo Mundo", *Novos Estudos CEBRAP*, São Paulo, n. 9, julho de 1984, pp. 2-8; e R. Schwarz, *Um Mestre na Periferia do Capitalismo*, p. 36. No que segue, apoio-me principalmente nos estudos de R. Schwarz.

37. A ética liberal postulava a autonomia do indivíduo, a universalidade da lei, a cultura desinteressada, o trabalho e a poupança, ao passo que a ordem escravista regida pelo favor cultivava a dependência da pessoa, a exceção à regra, a cultura interessada, a ociosidade e a ostentação. Ver R. Schwarz, *Ao Vencedor as Batatas*,

Tal persistência do passado estava fundada na evolução moderna da economia, de que é resultado o papel que coube às ex-colônias na nova divisão internacional do trabalho, a qual definia a participação dos países periféricos enquanto consumidores de manufaturados e fornecedores de produtos tropicais. O desenvolvimento desigual e combinado do capitalismo, que produzia resultados diversos no centro e na periferia, promovia nas ex-colônias a manutenção dos modos "atrasados" de produzir. O Brasil, que já nascia na órbita do capitalismo (a colonização é um empreendimento do capital comercial), ingressava na modernidade apoiado em relações que nas sociedades "adiantadas" eram vistas como coisa do passado.

O tráfico negreiro, por exemplo, intensificou-se depois da Independência, ao invés de diminuir, atingindo o apogeu no final da década de 1840 (e de forma clandestina). Relações que, do ponto de vista do desenvolvimento histórico dos países avançados, pareciam condenadas a desaparecer, prosperaram no Brasil. Nesse sentido, não eram meros resquícios coloniais que sobreviviam no presente, mas sim elementos ativos e centrais da organização econômico-social. Eram justamente essas relações de feitio "atrasado" e brutal que permitiam à elite o acesso aos produtos do progresso e aos benefícios da civilização. (Mas o aparente desvio era, por assim dizer, a norma oculta do sistema: no plano mundial, a reprodução não-burguesa da ordem burguesa é a regra, e não a exceção[38].)

Nessas condições, as formas culturais e doutrinas plasmadas na Europa, quando transplantadas para uma formação social diversa, passavam a ter um funcionamento particular: na organização social que não era aquela em que se fundavam, as ideias liberais giravam em falso mas não deixavam de constituir refe-

---

p. 16. Ver também E. Viotti da Costa, *Da Monarquia à República*, p. 134; e "Emília Viotti da Costa", em Moraes & Rego (orgs.), *Conversas com Historiadores Brasileiros*, São Paulo, Ed. 34, 2002, pp. 86-87.

38. Ver R. Schwarz, "A Viravolta Machadiana", *Novos Estudos CEBRAP*, n. 69, julho de 2004, p. 32.

rência obrigatória, pois definiam o próprio modelo da civilização moderna. Com a adoção do padrão incontornável da norma burguesa e a manutenção da ordem escravista, incompatível com aquele ideário, estão em cena os fatores básicos que em seguida conduzirão a elite brasileira ao jogo de identificações e desidentificações com os valores burgueses e com as relações tradicionais herdadas da colônia: vai-se armando o nó ideológico – verdadeiro nó górdio – da vida intelectual brasileira do século XIX[39].

É somente nesse quadro de contradição entre os valores elaborados pela burguesia e os valores que regem o universo dos arranjos e arbitrariedades que os comentários irônicos do narrador têm inteligibilidade, e o efeito cômico das *Memórias* se efetiva. A esse quadro referencial, profundamente marcado pelas clivagens econômico-sociais, liga-se o significado da alternância de juízos embutida na movimentação do ponto de vista narrativo. Mantendo certa constância do senso moral moderno, mas aproximando-se e distanciando-se das várias perspectivas divergentes no mundo social do romance, o ponto de vista do narrador aciona uma espécie de revezamento de pesos e medidas, cujo resultado é a sátira dirigida contra a sociedade no conjunto[40], colocando os pontos de vista sociais em confronto.

Ao ativar a multiplicidade das bases valorativas, a ironia maliciosa sublinha as divergências de interesses que se cruzam no plano social e que deixam vestígios na linguagem corrente. No-

39. Ver R. Schwarz, "As Ideias Fora do Lugar", em *Ao Vencedor as Batatas*; "Nacional por Subtração", em *Que Horas São?*; "A Matriz Prática", em *Um Mestre na Periferia do Capitalismo*.
40. Diante da sátira ao passado feita com alusão sistemática ao presente, não seria impossível lembrar o tradicional "*ridendo castigat mores*" e dizer que as *Memórias* visam a uma espécie de correção dos costumes por meio do riso; contudo, isso seria talvez impreciso para descrever o efeito cômico da obra. A sátira que intenta corrigir costumes visa sempre ao desvio em relação a uma norma particular (aceita e compartilhada pela coletividade), de modo que a própria norma não é posta em questão. Vimos, no entanto, que a perspectiva do narrador das *Memórias* oscila entre conjuntos de valores modernos (burgueses) e tradicionais (não-burgueses), sem aderir unicamente a uma delas.

te-se que não se trata, ou não se trata apenas, da utilização do vocabulário popular ou da estilização de modos de falar do povo que se desviam da norma culta. Tais procedimentos geralmente tendem ao pitoresco, e não raro documentam menos a fala popular do que o propósito do escritor, consciente ou não, de reconfirmar suas prerrogativas, que se manifestam também no domínio da gramática erudita e no olhar que se lança ao desvio, seja para ridicularizá-lo, seja para valorizá-lo compassivamente. Ao contrário, a linguagem das *Memórias* não é empolada nem grandiloquente, mantendo certa tonalidade intermediária entre o erudito e o popular. O que confere força à prosa do romance não é apenas a "linguagem chã, despida dos trejeitos da retórica" (p. 258) ou a simples tonalidade informal que contrasta com a dicção elevada dominante na época. Se é fato que as cisões sociais se depositam na linguagem, elemento básico dos materiais elaborados pelo escritor[41], nas *Memórias* essa elaboração não depende tanto da simples escolha lexical ou de registro linguístico, e sim da mobilização dos subentendidos sociais impregnados na linguagem, mobilização que põe em relevo os contrastes judicativos explorados pela ironia maliciosa. É esta que dá o mordente à prosa das *Memórias*, satirizando os comportamentos "atrasados", ao mesmo tempo em que não se submete por completo à perspectiva "adiantada", tratando-a com certa irreverência e abrindo-se para o ponto de vista popular. Assim, as clivagens produzidas pelo processo social marcam a linguagem com a peculiaridade do domínio prático e estão implicadas também no plano literário. Desse ângulo, os balanceios e contrastes que saturam a prosa do romance deixam de ser simples recursos estilísticos para se mostrarem como elementos propriamente formais, que apreendem um momento histórico.

---

41. Inspiro-me em R. Schwarz, *Um Mestre na Periferia do Capitalismo*, p. 223; *Sequências Brasileiras*, p. 58. Ver também R. Williams, "Language", em *Marxism and Literature*, New York, Oxford University Press, 1977, pp. 21-44. A propósito, Schwarz lembra que, longe de ser subversiva em si mesma, a informalidade é também muito apreciada pela elite ("Pressupostos, salvo Engano, de 'Dialética da malandragem'", em *Que Horas São?*, p. 144).

2

O Mundo das Relações

HOMENS LIVRES POBRES

Socialmente localizada numa posição intermediária, entre a esfera de proprietários e a massa de escravos, a camada de homens livres pobres (a que pertence a maior parte da população das *Memórias*) não encontrava lugar na organização econômica do país[1]. Essa situação era uma das inúmeras consequências da economia bipolar gerada pela exploração colonial portuguesa, composta de zonas de produção escravista no Brasil e de zonas de reprodução de escravos na África[2]. Com a economia as-

---

1. Sobre os homens livres pobres, ver C. Prado Jr., *Formação do Brasil Contemporâneo*, 23. ed. São Paulo, Brasiliense, 1994, pp. 281-288 e 346-348; e sobretudo M. S. C. Franco, *Homens Livres na Ordem Escravocrata*, 3. ed., São Paulo, Kairós, 1983.
2. Ver L. F. de Alencastro, *O Trato dos Viventes*, São Paulo, Companhia das Letras, 2000; "O Fardo dos Bacharéis", *Novos Estudos CEBRAP*, São Paulo, n. 19, dezembro 1987, pp. 68-72.

sentada na articulação de grande lavoura de exportação e mão de obra escrava fornecida pelo tráfico negreiro, reduziam-se as possibilidades de trabalho livre, uma vez que a classe dos senhores rurais praticamente se autoabastecia, em seus próprios domínios, dos produtos necessários para consumo. Disso decorria o caráter economicamente dispensável da existência dos homens livres pobres, que até podiam ser utilizados ocasionalmente como mão de obra pelos fazendeiros, mas não tinham posição definida na esfera da produção.

Além disso, como o trabalho escravo era utilizado não somente na produção agrícola, mas em todas as outras atividades, ocorria uma contaminação ideológica na identificação de trabalho manual e escravidão, o que resultava no rebaixamento moral do trabalho[3]. A isso se acresciam as diferenciações raciais e culturais ligadas à extraterritorialidade do aprovisionamento de mão de obra, o que também contribuía para a desmoralização do trabalho na visão da classe proprietária branca. Como consequência, a ética do trabalho, postulada pelo ideário liberal, não teve pregnância entre a população.

No Rio de Janeiro, havia um grande número de escravos treinados em atividades especializadas, os quais forneciam "a maior parte da mão de obra da cidade, se não toda"[4]: além dos escravos domésticos, havia vendedores ambulantes, carregadores, estivadores, almocreves, cocheiros, barqueiros, remadores, marinheiros, trabalhadores de fábricas, hortelões, caçadores, pescadores, açougueiros, padeiros, tanoeiros, acendedores de lampião, varredores de rua, laçadores de cães, bombeiros, carpinteiros, pedreiros, gravadores de madeira, ferreiros, funileiros, latoeiros, caldeireiros, ourives, lapidadores, alfaiates e costureiras, sapateiros, barbeiros-cirurgiões, parteiras, curandeiros e enfermeiras,

---

3. Ver C. Prado Jr., *Formação do Brasil Contemporâneo*, p. 278.
4. Sobre a amplitude da utilização do trabalho escravo, ver M. C. Karasch, *A Vida dos Escravos no Rio de Janeiro*, São Paulo, Companhia das Letras, 2001, cap. 7; a frase citada encontra-se à p. 283. Ver também E. Viotti da Costa, "Aspectos da Vida do Escravo nas Zonas Urbana e Rural", em *Da Senzala à Colônia*, 4. ed., São Paulo, Ed. Unesp, 1998, pp. 277-331

músicos, pintores e escultores (esta não é uma lista exaustiva). Os escravos no Rio de Janeiro desempenhavam as mais variadas funções e exerciam grande parte dos ofícios que em outras circunstâncias estariam ligados à pequena burguesia. Disso resultava a redução da margem para o desenvolvimento do trabalho livre e uma competição intensa pelos trabalhos e serviços eventuais.

Nas condições da ordem escravista, a maioria dos homens livres pobres só podia alcançar sustento e acesso aos bens da civilização por meios diferentes do assalariamento. Para sua sobrevivência, a eles só restavam furtos, expedientes, ocupações incertas e formas alternativas e esporádicas de trabalho, ou, na melhor das hipóteses, a cooptação, por via da dependência, do casamento ou do emprego no funcionalismo e outras instituições públicas. Desse modo, o favor, mecanismo básico do clientelismo, representava o principal meio de integração dos livres pobres na ordem escravocrata. De diferentes maneiras e sob variadas formas, direta ou indiretamente, o favor esteve presente em toda a parte, moldando a vida social do país no conjunto.

Fora do universo do clientelismo, só existe a miséria, e nesse campo se encontram os quilombolas, caboclos e vadios que formavam a massa de desvalidos que era motivo de insegurança para a classe proprietária (e no momento oportuno veremos que as *Memórias* revelam um efeito adicional dessas relações).

Desde antes de 1822, o elemento popular, quando intervinha na política, só o podia fazer sob a forma de sublevações, ampliando "a sensação de intranquilidade que distinguia a crise do sistema colonial"[5]. Também depois, no período regencial, quando a camada dirigente buscava consolidar a construção do Estado, as inúmeras revoltas, que mobilizavam o povo e que se centravam em questões regionais colocavam a unidade nacional em risco; desse modo, os pobres eram vistos como fator de desagregação. Atribuindo ao povo a "disposição à turbulência e à ignorância"[6], a classe dominante apoiava-se nas clivagens

---

5. I. R. de Mattos, *O Tempo Saquarema*, 4. ed., Rio de Janeiro, Access, 1994, p. 114.
6. E. Viotti da Costa, *Da Monarquia à República*, p. 81.

46 ERA NO TEMPO DO REI

sociais para justificar a recusa dos direitos de cidadania às camadas baixas da população.

Assim, aos temores ligados à heterogeneidade social decorrente da "desterritorialização do mercado de trabalho"[7] prendem-se os esforços da classe proprietária no sentido de reprimir as sublevações populares, bem como de disciplinar os pobres livres e sobretudo os chamados vadios. (As *Ordenações Filipinas*, que ainda tinham vigência no período, condenavam expressamente os vadios, isto é, homens que não tinham ofício regular ou que não estavam agregados a famílias de proprietários, punindo-os com prisão e açoites públicos[8].)

Um dos meios de disciplinamento (que encontraremos como tema das *Memórias*) é o da força policial, que dava caça aos vadios com vistas ao recrutamento forçado, já que a escravidão incapacitava boa parte da população para as Forças Armadas, e os proprietários rurais organizavam seus próprios corpos de milícias – restando ao exército incorporar a população que estava fora da rede patrimonial rural, ou seja, índios aculturados, camponeses pobres, homens livres e libertos. (Nas cidades, os vadios podiam ser mais perigosos do que no sertão, onde o arrolamento dos pobres livres em milícias particulares dos mandões locais por assim dizer canalizava e organizava a violência[9].)

No período joanino, a repressão policial visando ao disciplinamento dos pobres possivelmente não está ligada de maneira direta à necessidade de mão de obra, já que o tráfico negreiro e a escravidão ainda não se apresentavam como problema para a classe proprietária. Essa questão só se tornaria mais incisiva no presente de Manuel Antônio, e só excepcionalmente se

---

7. Expressão de L. F. de Alencastro, *op. cit.*
8. Ver *Ordenações Filipinas*, Livro v, Título LXVIII: Dos Vadios.
9. Ver C. Prado Jr., *Formação do Brasil Contemporâneo*, p. 284. Sobre a noção de vadiagem no século XVIII, que tem prolongamentos no XIX, ver L. de Mello e Souza, *Desclassificados do Ouro*, 3. ed., Rio de Janeiro, Graal, 1990; e "Notas sobre os Vadios na Literatura Colonial do século XVIII", em R. Schwarz (org.), *Os Pobres na Literatura Brasileira*, São Paulo, Brasiliense, 1983, pp. 9-12. Ver também E. Araújo, *O Teatro dos Vícios*, 2. ed., Rio de Janeiro, José Olympio, 1997, p. 150 e ss.

apresentava no momento histórico em que transcorre a ação do romance. A atenção dispensada ao controle dos vadios, que atravessaria o século XIX, ligava-se à instabilidade que caracterizava a vida dos homens livres pobres e que era resultado da própria organização econômica; no entanto, o foco da inquietação da classe proprietária não é tanto a questão do trabalho. Mais do que o simples anseio de construir a nação integrando os pobres num corpo social harmônico, o que sobressai na preocupação constante das autoridades com os pobres é o temor de revoltas e sublevações populares[10].

Voltando ao romance, digamos que o conflito básico entre o modo de vida popular e a pressão disciplinadora da polícia, encarnada na figura de Vidigal, tem como pressuposto histórico esse antagonismo social, ainda que o tema da narrativa não evidencie o temor da classe proprietária em relação a possíveis revoltas dos pobres. Seja como for, a organização econômica colocava em campos antagônicos o delegado da camada proprietária e os pobres, e é essa oposição que se encontra no centro do enredo. No polo oposto ao dos poderosos estão, não os escravos, que não têm presença efetiva no romance, mas os homens livres pobres.

A rigor, os personagens principais não são propriamente pobres (pois têm empregos), mas seria talvez inexato associá-los à situação do proletário apenas porque estão atados a certas ocupações profissionais. Personagens como o meirinho, o barbeiro ou a parteira (e também Leonardo quando empregado na ucharia real) estão muito mais próximos da situação do pobre dependente, pois, mesmo tendo trabalho, não escapam à ne-

---

10. M. Odila S. Dias chega a sugerir que, na visão dos proprietários, os pobres livres podiam parecer até mesmo mais perigosos do que a população escrava ("A Interiorização da Metrópole", em Carlos G. Mota (org.), *1822: Dimensões*, São Paulo, Perspectiva, 1972, p. 175). C. E. L. Soares afirma que, além da ação das maltas de negros, "o grande número de homens livres pobres que vieram para o Rio no rastro da Corte real portuguesa também era fator de perturbação" (*A Capoeira Escrava*, Campinas, Ed. Unicamp, 2001, p. 446).

cessidade de alcançar a proteção de um poderoso[11]. A própria obtenção de emprego depende de arranjos pessoais, como mostra o caso do meirinho, que, "não se sabe por proteção de quem, alcançou o emprego de que o vemos empossado" (p. 67); ou o caso do trabalho de Leonardo na ucharia, obtido pela comadre: "Como a comadre pudera arranjar semelhante coisa para o afilhado, é isso que pouco nos deve importar" (p. 282), diz o narrador, insinuando alguma irregularidade.

Mais significativo, porém, é que a posição social das pessoas no universo das *Memórias* (e do Brasil oitocentista) era definida menos pela atividade profissional do que pelas relações estabelecidas com algum proprietário poderoso. Tanto assim que Pataca busca atar laços com os que lhe são superiores, como mostra o desejo de ter o Sr. Juiz como padrinho de seu filho. De resto, o emprego de Pataca, que é meirinho e portanto detém relativo poder, não o salva da prisão, e é somente com a intervenção do tenente-coronel (e do "fidalgo de valimento") que ele obtém a liberdade (t. 1, cap. x). De modo semelhante, não é desprezível o interesse dos personagens em manter um bom relacionamento com a abastada D. Maria, o qual é motivo de satisfação para o compadre e para a comadre. Nesse sentido, talvez não seja um despropósito aproximar a situação dos personagens do círculo familiar de Leonardo à dos homens livres pobres, pois, ainda que tenham suas ocupações profissionais, eles não escapam inteiramente às mesmas pressões e injunções a que estão submetidos os pobres.

A atuação de Vidigal como instância repressora externa, que impõe a lei e a disciplina aos pobres, mostra que mesmo a situação privilegiada dos funcionários da casa real ou da justiça não basta para que se efetive alguma imunidade contra as punições infligidas por esse "árbitro supremo" (p. 91). Personificando o poder brutal e arbitrário, o major comanda a força policial que se faz onipresente na cidade, rondando os espaços ocupados

---

11. Ver, sobre a questão, R. Schwarz, "Duas Notas sobre Machado de Assis", em *Que Horas São?*, pp. 173-174.

pela camada de homens livres pobres. A polícia cumpre papel decisivo no romance, não por ser um agente moralizador simpático, como sugeriu um crítico[12], mas por inscrever na narrativa aquele antagonismo social fundamental.

O narrador, que por vezes se aproxima da perspectiva dos pobres (para quem o major não tinha nada de simpático)[13], faz referências irônicas ao modo como a polícia se organizava no passado: "Nesse tempo ainda não estava organizada a polícia da cidade, ou antes estava-o de um modo em harmonia com as tendências e ideias da época" (p. 91). Ainda que se afirme que, "dados os descontos necessários às ideias do tempo, em verdade não abusava ele muito de seu poder", acentua-se nessa passagem o caráter truculento das ações policiais do major: "ele resumia tudo em si; a sua *justiça* era infalível; não havia apelação das sentenças que dava, fazia o que queria, e ninguém lhe tomava contas" (p. 91). Com efeito, na própria narrativa o caráter autoritário da atuação do major será explorado repetidas vezes (como na humilhação que ele impõe aos homens presos na casa do caboclo nigromante).

Em outro nível, o disciplinamento atua de modo mais escondido na esfera das relações amorosas, como se pode observar no episódio da declaração de Leonardo a Luisinha (t. 1, cap. XXIII), quando chega a hora em que o herói deve pagar "o tributo de que ninguém escapa neste mundo" (p. 185). Essa cena foi aplaudida pela crítica como exemplo da habilidade com que o autor explora a dimensão psicológica e por remeter a um tema que diz respeito ao homem "em geral". No entanto, lida no contexto das relações figuradas no romance, a cena de temática amorosa

---

12. Sem nenhuma intenção irônica, W. Martins afirma que nas *Memórias* "o policial é uma figura simpática, é um herói positivo"; a seu ver, Vidigal "sempre emprega o seu poder muito bem empregado" ("Filho de uma Pisadela e de um Beliscão", em *História da Inteligência Brasileira, op. cit.*, pp. 479-480).

13. A descrição de Vidigal, caracterizado como um homem "com ares de moleirão" e de "movimentos lentos", claramente se apoia na visão dos pobres: para eles, os portugueses se distinguiam pela lentidão e pelos movimentos pesados, sendo por isso alcunhados "pés-de-chumbo", em oposição à agilidade dos capoeiras. Cf. G. Freyre, *Sobrados e Mucambos*, pp. 510-511.

revela ser marcada também por coordenadas sociais precisas, que especificam seu sentido histórico.

Nesse episódio, Leonardo enfrenta uma instância recôndita da lei, que lhe causa desconforto, pois há uma etiqueta, uma espécie de código de civilidade que o malandro não desconhece (embora lhe seja externo) e que constrange seu impulso amoroso. Leonardo precisa respeitar essa regra de conduta para poder ousar declarar-se a uma moça "de família", isto é, de condição social superior. Aqui, a hierarquização da família tradicional parece misturar-se ao código burguês do decoro.

A situação de Leonardo diante da sobrinha de D. Maria é bem diferente da que une, por exemplo, Pataca e Maria da Hortaliça; para Leonardo, está vedado o recurso à pisadela e ao beliscão, sinais da corte amorosa que pertencem a outro tipo de sociabilidade e que seriam inadmissíveis no habitat social de Luisinha, para quem uma tal corte pareceria atrevimento ou imoralidade. É de notar que Leonardo não voltará a passar por desconforto semelhante ao conhecer Vidinha ou a moça do caldo. Ainda que o narrador insinue a possibilidade de que, depois do contato inicial com Luisinha, ele já estivesse desasnado nessa matéria (p. 259), a posição social dos personagens talvez explique melhor o aperto do herói num caso e a desenvoltura nos outros. Assim como ocorre na relação de Pataca e Maria, pertencentes ao mesmo estrato social, Vidinha e a moça do caldo encontram-se em posição equivalente à de Leonardo, o que não ocorre na relação dele com Luisinha no momento da primeira declaração.

Assim, a cena já anuncia a dimensão disciplinadora do casamento sacramentado, em oposição às uniões ilegítimas, que, no entanto, são mais comuns no mundo das *Memórias*. Do ponto de vista da lei, a função do casamento é disciplinar os impulsos, embora sua eficácia não esteja garantida, de modo que a regularização da vida sexual dos indivíduos não se efetivava plenamente[14].

---

14. Ver C. Prado Jr., *Formação do Brasil Contemporâneo*, pp. 350-354; R. Vainfas, "Concubinato e Matrimônio", em *Trópico dos Pecados*, Rio de Janeiro, Campus, 1989, pp. 69-106. As *Ordenações Filipinas* condenavam o amancebamento em várias de suas determinações.

Mas o que importa destacar no momento é a relação de desigualdade cifrada nas dificuldades da declaração amorosa. O amor, que, pelo menos da perspectiva romântica, deveria atuar como força capaz de ultrapassar as diferenças sociais, mostra-se antes como uma relação em que se repõe a diferença hierárquica. (É por isso que o rival de Leonardo nesse terreno não será outro desvalido, mas sim José Manuel, que se insinua habilmente entre os proprietários para aproximar-se deles: atuando como procurador de D. Maria, estimula a mania da matrona e conquista sua simpatia, garantindo a possibilidade de casar-se com Luisinha.)

Depois que Leonardo se apaixona por Luisinha, ele passa a visitar D. Maria com o intuito de trocar um olhar com a amada, e sua relação com a ricaça apresenta traços assemelhados aos da dependência econômica. Para alcançar seu intento, Leonardo se vê "obrigado a aturar por muito tempo a conversação de uma velha, tendo de concordar com ela em tudo e por tudo para não incorrer-lhe no desagrado" (p. 231).

EMPENHOS E CARTUCHOS

Na maior parte das relações a sexualidade funcionará como instrumento subordinado à astúcia malandra para a obtenção de favores dos poderosos. Se sucumbir aos apelos da carne aparece como fraqueza dos personagens (Pataca e Vidigal são "babões"), tirar proveito dos próprios atrativos sexuais aparecerá como trunfo da malandragem.

Mário de Andrade, que percebeu muitas sutilezas do romance, sugere que a simpatia que Leonardo desperta em outros personagens (sobretudo as mulheres) estaria ligada à dimensão sexual. Embora no romance nada seja dito sobre a aparência física do herói, pode-se considerar que uma de suas características vantajosas seria a "simpatia irradiante" do "corpão bonito", como diz Mário ao analisar Leonardo:

rabo-de-saia, com quem todas as mulheres de todas as idades se engraçam, lhe fornecem espontaneamente pão, guarida, amor, sacrifício e aquelas eternas especulações de empenhos e cartuchos com que o macho apenas de corpo se livra de castigos e trabalhos e atinge os seus galões de sargento no fim[15].

O empenho e o compadresco eram de fato a "mola real de todo o movimento social" (p. 319) das *Memórias* (e do país), e há inúmeras referências ao jogo das relações de favor ao longo do romance. Mas, apesar de frequentes, os arranjos paternalistas aparecem (na narração) somente como problema moral e não tanto como uma relação cujo fundamento é econômico (aspecto que é sugerido apenas discretamente na obra). Além disso, tal como os eventos são figurados nas *Memórias*, o caráter humilhante da dependência não se mostra por inteiro, pois não se apresenta à consciência dos personagens como problema.

Acompanhando a perspectiva dos próprios personagens, a narrativa faz com que a dependência em relação a algum poderoso não apareça como desvantagem. Tudo se passa como se a vantagem estivesse sempre do lado do favorecido, e não do favorecedor, pois a obtenção do favor aparece como benefício alcançado por meio da artimanha da malandragem dos pobres, num relacionamento em que o poderoso acaba fazendo figura de otário – pelo menos do ponto de vista do malandro.

No romance, a relação de favor por vezes surge atrelada à sexualidade, como no episódio do arranjo em que a comadre, D. Maria e Maria-Regalada obtêm o perdão de Vidigal, quando este decide punir Leonardo com chibatadas. Nesse arranjo terá papel decisivo a antiga amada do major, Regalada, com seus atrativos sexuais (ela "fora no seu tempo uma mocetona de truz" [p. 318]). Por ora, vejamos o caso da relação de Pataca com a Cigana:

15. M. de Andrade, "Memórias de um Sargento de Milícias", em *Aspectos da Literatura Brasileira*. 5. ed., São Paulo, Martins, 1974, p. 135.

O MUNDO DAS RELAÇÕES 53

Como o ofício rendia, e ele [Leonardo-Pataca] andava sempre apatacado, não lhe fora difícil conquistar a posse do adorado objeto; porém a fidelidade, a unidade no gozo, que era o que sua alma aspirava, isso não o pudera conseguir: a cigana tinha pouco mais ou menos sido feita no mesmo molde da saloia (p. 88).

As posições sociais são claras: o meirinho, oficial de justiça, encontra-se em posição superior à da cigana, que pertence a um grupo inferiorizado pela classe educada ("a praga dos Ciganos" [p. 98]). O dinheiro é o que permite a Pataca estabelecer a relação com a cigana e satisfazer seu impulso sexual; mas a vantagem econômica não garante a fidelidade da moça. Curiosamente, a explicação do narrador põe de lado a pobreza e desloca a ênfase para o traço de caráter, isto é, para a inconstância afetiva da cigana. Num primeiro momento, o fato de Pataca aproveitar-se da posição vantajosa oferecida pelo dinheiro parece sugerir a força coercitiva da necessidade econômica. A infidelidade da cigana, porém, indica outra coisa: à inferioridade econômica sobrepõe-se a superioridade da astúcia; desse ângulo, a cigana é que parece aproveitar-se de Pataca, valendo-se da atração sexual para esvaziar-lhe os bolsos. Acresce que o fato de Pataca deixar-se levar pelas demandas do desejo tem algo de fraqueza moral: "o homem era romântico, como se diz hoje, e babão, como se dizia naquele tempo; não podia passar sem uma paixãozinha" (p. 88). A atitude de Pataca é satirizada não porque ele usa o dinheiro para satisfazer seus apetites sexuais (o que corresponderia à sátira da utilização instrumental dos indivíduos), mas por causa dos apetites eles mesmos, que o levam a ser enganado pela moça. Em contrapartida, a esperteza na utilização dos recursos à mão (capacidade de sedução, astúcia malandra) para ludibriar os outros funcionará como uma vantagem do desprotegido.

Em função da paixão pela cigana, Pataca será preso e, mais tarde, armará uma vingança contra o padre. Depois de tirar o mestre-de-cerimônias da jogada, Pataca tenta reaver o amor da cigana, e passa a rondar sua casa com "olhares suplicantes" (p. 160). A vizinhança começa a lançar indiretas contra a ciga-

54 ERA NO TEMPO DO REI

na e é só por isso (diz a cigana) que ela o recebe em sua casa ("queria quebrar a castanha na boca daquelas más línguas da vizinhança que se estavam metendo com a sua vida" [p. 161]), embora, na reconciliação, ela peça perdão pela inconstância e prometa "ser dali em diante fiel até a morte" (p. 160). Assim, a cigana aproveita-se de Pataca sem sujeitar-se à vontade dele; depois, recebe-o de volta, talvez porque se preocupe com a opinião alheia, talvez porque queira aproveitar-se mais do meirinho, talvez por sinceridade afetiva. Seja como for, a posição social objetiva pouco afeta a relação dos dois: Pataca, o detentor do dinheiro, é que fica à mercê dos caprichos da cigana, devido ao incontrolável impulso amoroso-sexual, que inverte as posições de poder implicadas na relação objetiva.

Na relação de dependência, a fidelidade do pobre ao protetor é o tributo moral que se paga pelo acesso aos bens; para o malandro, entretanto, a obtenção de favores sem o compromisso da obediência será o trunfo da astúcia, justamente porque, no mundo das *Memórias*, a força coercitiva da necessidade econômica não se mostra concretamente, o que se associa às compensações imaginárias, que permeiam o funcionamento das relações.

O AGREGADO

Embora haja várias menções ao jogo de arranjos, e o universo das *Memórias* seja fortemente marcado pelas relações de favor, não são elas que estão no centro dos episódios. De modo geral, tais relações são apenas referidas, sem que haja desenvolvimento narrativo pautado nelas. Além do desfecho, em que os arranjos dão a tônica, uma das poucas cenas em que a questão é exposta narrativamente é o capítulo "O agregado".

O capítulo inicia-se com um comentário analítico do narrador, que descreve esse "tipo social" dividindo-o em duas espécies (pp. 257-258). A primeira seria a do agregado que é explorado pelo protetor, mantendo-se em posição de submissão, como no caso do compadre quando jovem: sendo um enjeitado, trabalhava para o barbeiro que o criou, em paga por sua própria criação e sustento na infância. A segunda espécie seria a do agregado vadio e parasitário, que apenas suga a seiva da árvore familiar, tirando proveito da riqueza do proprietário à sombra do qual vive. Deixando ao leitor a tarefa de classificar Leonardo num desses modelos, o narrador passa a contar as peripécias do herói na família de Vidinha, insinuando que Leonardo poderia encaixar-se na segunda categoria.

No entanto, os modelos oferecidos não dão conta de todos os elementos implicados nas relações que Leonardo manterá com os membros da família de Vidinha. Isso porque o esquema, embora apreenda alguns elementos que definem o lugar do agregado dentro da família que o acolhe, divide-os em campos separados, apartando as desvantagens e as vantagens (por assim dizer) da posição: na primeira categoria, só se encontram os sofrimentos e pesares da dependência, a qual envolve custos morais ("lhe batiam a cada passo com os favores na cara"), sem nenhum benefício. Na segunda, há somente vantagens, na verdade compensações imaginárias, como se o agregado apenas se aproveitasse da proteção da família, sem nenhuma obrigação ou contraprestação pelos favores de que se beneficia: "o agregado tornava-se quase rei em casa, punha, dispunha, [...] intervinha enfim nos mais particulares negócios". Assim, o comentário do narrador isola os aspectos positivo e negativo do relacionamento que pretende analisar.

Em compensação, o relato das condutas efetivas dos personagens – nas relações de Leonardo e de Tomás da Sé com as matriarcas da família de Vidinha – acaba por reunir os dois lados inicialmente separados e apresenta uma visão mais complexa da situação do agregado, dando a ver que as duas espécies de agregado são aspectos reversíveis de uma mesma situação.

Depois de reencontrar Tomás da Sé, o filho do sacristão com quem traquinava na igreja quando criança, Leonardo é apresentado à sua gente: duas velhas irmãs, "ambas viúvas, ou que pelo menos diziam sê-lo", a primeira com três filhos e a segunda com três filhas. Dessas moças, uma é comprometida com um dos primos, e outra amigada com Tomás; a terceira é Vidinha, por quem Leonardo se enamora, provocando a rivalidade dos dois primos restantes. Apesar da aversão dos primos, Leonardo acaba despertando simpatia nas velhas e passa a viver agregado à família.

À medida que os laços entre Leonardo e Vidinha se estreitam, os primos tornam-se mais agressivos. Quando os conflitos entre os rapazes se intensificam, as velhas tomam o partido do herói, protegendo-o das invectivas ciumentas. Após uma briga com os primos, Leonardo faz menção de deixar a casa, mas as matronas o impedem, alegando que "estavam em sua casa, e podiam mandar como quisessem" (p. 261).

De acordo com a estrutura hierárquica que rege a família, os primos não têm como desobedecer às matriarcas. (Mais tarde, o poder da autoridade matriarcal se mostrará também quando a mãe de Vidinha insinua que o toma-largura não era mal apessoado – ainda que o narrador o tivesse caracterizado como um "machacaz talhado pelo molde mais grotesco" [p. 283] –, e essa ideia é prontamente acolhida por toda a família, sobretudo por Vidinha, que estreita relações com o toma-largura [p. 296].) A preferência das velhas por Leonardo parece decorrer apenas da simpatia, mas há também outro motivo, que se esclarece quando a comadre surge na casa delas em busca do afilhado. Depois de contarem a história de suas respectivas famílias "desde as eras primitivas" (p. 263), a comadre e as mulheres disputam o "privilégio" de proteger Leonardo. A partir de então, mantê-lo na casa torna-se um ponto de honra para as velhas, ainda que isso não proporcione nenhuma vantagem palpável para a família (exceto a satisfação afetiva de Vidinha, embora ela seja tão inconstante que mesmo isso é pouco significativo).

A disputa tem início quando a comadre repreende o afilhado: "És um vira-mundo; andas feito um valdevinos, sem eira nem beira nem ramo de figueira, sem ofício nem benefício, sendo pesado a todos nesta vida..." (p. 265). Em vez de provocar alguma reação em Leonardo, essa fala acaba atingindo as donas da casa: a última frase acende os brios de uma das velhas, que se sente ofendida porque, a seu ver, a comadre rebaixa a sua posição insinuando que sua família não teria condições de sustentá-lo. Mesmo em situação objetivamente modesta, atua aí uma presunção de superioridade, e ter mais um agregado (além de Tomás) seria um sinal de prestígio e poder. Nessa compensação imaginária reside o motivo de as mulheres fazerem questão de manter Leonardo em sua casa.

De seu lado, os primos, embora se encontrem sujeitados à vontade das velhas, têm ao menos uma vantagem em relação a Leonardo, que consiste em serem empregados do Arsenal Real do Exército. Valendo-se disso, eles arquitetam um plano contra o rival, denunciando Leonardo ao chefe de polícia, com a alegação de vadiagem – recurso de que lançam mão após a longa guerra em que a aparente tolerância inicial converte-se em agressão aberta. Recorrendo a uma autoridade superior à das velhas, os primos conseguem realizar seu intento contra o capricho das donas da casa, expulsando o rival. (Na sequência, Leonardo escapará de Vidigal, mas com isso despertará a ira do major e acabará sendo preso, depois de perder o emprego na ucharia real.)

Durante todo o conflito interno à família, Tomás não tem qualquer participação e não é sequer lembrado. Ao retomar o personagem, o próprio narrador refere-se ao fato de não o ter mencionado e explica que o fez "de propósito, para dar assim a entender que em nada disso tem ele tomado parte alguma" (p. 294). Isso poderia ser visto como mais um indício do suposto desleixo de Manuel Antônio; no entanto, o modo como o narrador explica a ausência de Tomás não deixa de ser um acerto de observação: "homem de tato, conservara uma posição absolutamente neutral" (p. 294).

Ainda que não seja propriamente explorada em termos narrativos, essa atitude do ex-ajudante de sacristão revela a instabilidade da posição de agregado, sugerindo a alternância das duas dimensões que o narrador havia separado inicialmente. Com efeito, Tomás não se arrisca a colocar-se do lado do amigo a quem introduzira na família, pois ele não pode tomar partido nas discussões, sob pena de ver ameaçado o seu próprio lugar.

Adotando uma "posição neutral", ele procura não se comprometer e, para garantir sua situação junto às velhas, fica quietinho no seu canto, sem emitir opinião.

Num primeiro momento, quando Tomás introduz Leonardo na família a que está agregado, pode com isso assumir uma posição de superioridade em relação a ele, e comportar-se como alguém autorizado a dar acolhida ao amigo. Diante da autoridade das velhas, contudo, a situação se inverte: a relação é de molde a impedir qualquer tomada de posição que se contraponha à das donas da casa. Como as duas estão em conflito (a mãe dos rapazes de um lado e a mãe de Vidinha de outro), só resta a Tomás manter-se em "posição neutral". Além disso, sua situação de certo modo já está comprometida desde o princípio, pois, tendo introduzido o amigo, Tomás é responsável indireto por todos os conflitos ocorridos desde a chegada de Leonardo. Desse modo, Tomás se dá por feliz porque, durante as discussões, a família não caiu sobre ele com inculpações. A ele importa menos qual será o desfecho do conflito no que diz respeito ao destino do amigo do que a manutenção de suas próprias vantagens.

Retomando a questão da autoimagem das matriarcas, cabe notar que, quando Leonardo é preso, as mulheres passam a achar que ele se teria ocultado voluntariamente e consideram isso um desaforo: "a ser verdade o que pensavam, não haveria ingratidão mais negra do que a do Leonardo para com aquela [família] que tão benignamente o acolhera" (p. 295). O suposto abandono da casa pelo rapaz é considerado por elas como uma atitude inaceitável. Na visão das mulheres, o fato de terem acolhido Leonardo exigiria, da parte deste, manifestações de gratidão e de fidelidade. A acolhida simpática ao rapaz, que a princípio parecceria simples benevolência das velhas, mostra o seu reverso indissociável.

Com isso, pode-se ter a impressão de que Leonardo passa de agregado parasita a agregado humilhado; mas, na realidade, a segunda situação já estava implicada na primeira. A habilidade do agregado, como o caso de Tomás ilustra, consiste em equilibrar-se na corda bamba da dependência, tirando proveito das

O MUNDO DAS RELAÇÕES

vantagens e evitando, com jogo de cintura, as desvantagens da posição. O problema é que a obtenção de benefícios já implica desvantagens incontornáveis, pois, para garantir a proteção do proprietário, o dependente é levado a certa automutilação da personalidade (como no aforismo de Kafka, o "verdadeiro caminho" passa por uma corda esticada logo acima do chão, que parece destinada não tanto a que se caminhe sobre ela, mas a que se tropece nela[16]).

Note-se ainda que, num primeiro momento, a relação de dependência é vista, pelo prisma da norma burguesa, como sendo humilhante: "Outro qualquer que tivesse mais idade, ou antes, falando claro, mais juízo e outra educação, envergonhar-se-ia talvez muito de achar-se na posição em que se achava o Leonardo, porém ele nem nisso pensava" (p. 244). Nas *Memórias*, os personagens dificilmente enfrentam dilemas morais envolvendo o conflito entre o imperativo moderno da independência individual e a dimensão vexatória da dependência perpetuada pelo imobilismo das relações.

Valendo-se do efeito cômico do malentendido, Manuel Antônio examina o comportamento da família de Vidinha sem perder o bom humor (a própria submissão de Tomás acaba adquirindo feição risível); contudo, isso o leva também a não explorar até o fim as consequências narrativas da situação. O conflito esboçado antes não tem desdobramento; a mudança externa da situação que enquadra as ações desloca e reposiciona os termos do conflito, o qual não encontra acirramento nem resolução, mas é reconfigurado através de inversões e alternâncias (os personagens intercambiam posições, repetindo as mesmas situações com lugares trocados).

Na sequência do episódio, o foco recai sobre o recrutamento de Leonardo e sua relação com o major. Devido à reviravolta do enredo que acaba por transformá-lo em granadeiro, ele não re-

16. Cf. F. Kafka, "Reflections on Sin, Pain, Hope, and the True Way", em *The Great Wall of China: Stories and Reflections*, trans. Willa & Edwin Muir, New York, Schocken, 1946, p. 278.

tornará à família de Vidinha (isto é, não precisará prestar contas às antigas protetoras na condição de agregado). Concomitantemente, a família passa a ocupar-se com o relacionamento entre Vidinha e o toma-largura; assim, no que diz respeito a Leonardo, a própria conversão da simpatia em "ódio intenso" (p. 295) por parte das duas velhas não tem desdobramento, pois cede lugar ao problema amoroso de Vidinha. Quando Leonardo volta a travar contato com a família, será na qualidade de soldado – o que não apenas lhe possibilita a vingança contra o toma-largura (que, envolvendo-se em uma briga, é reprimido pela polícia), como também o poupa de enfrentar a zanga das matriarcas e os encargos do dependente em relação ao seu protetor.

Isso faz com que a dimensão humilhante da dependência e da obtenção de favores mantenha-se em segundo plano, sem nunca vir plenamente à tona. O sumiço de Leonardo, que o levaria a uma situação difícil em relação à família de que dependia, acaba por converter-se em trunfo adicional; uma vez recrutado, ele passa a beneficiar-se do suplício de ser soldado. No momento em que volta a travar contato com a família de Vidinha, é Leonardo que se encontra em posição de superioridade, apoiando-se no poder da instituição que foi forçado a servir. Nesse movimento de reviravoltas, o próprio andamento da narrativa parece acompanhar as compensações imaginárias que permitem ao herói prosseguir em sua carreira, ajudado pelo acaso, sem precisar confrontar os pesares da situação dos desvalidos.

3
Dinâmica Narrativa e seu Motor

VINGANÇAS EM MOTO-CONTÍNUO

A inclinação dos personagens para a desavença determina o andamento da ação das *Memórias*. Desde o início, as relações interpessoais no romance são marcadas por pequenas rixas, rivalidades e vinganças. Muitas delas envolvem alguma disputa ligada ao interesse amoroso ou econômico, mas há também outras em que o motivo da disputa é mais difícil de discernir. É nelas que encontraremos o sentido específico das vinganças no romance, que não se explicam apenas pelas disputas amorosas ou pelo cálculo econômico.

Já no segundo capítulo, ponto em que a ação tem início efetivamente, podemos encontrar o esquema da rixa, que se manifesta ali sob a feição da guerra conjugal, no conflito entre Leonardo-Pataca e Maria da Hortaliça (sendo a traição a motivação básica). Mas, para dimensionar a abrangência das vinganças e a força propulsora que elas têm no enredo, observaremos o encadeamento das situações rixosas a partir do conflito que se estabelece entre o compadre e a vizinha (p. 127).

Obcecado com a ideia de fazer do afilhado um clérigo, o compadre empenha-se em ensinar o menino a rezar. Diante do fracasso dos esforços do barbeiro, a vizinha zomba dele para vingar-se das brincadeiras de Leonardo, que lhe fazia caretas e jogava pedras no telhado de sua casa. O compadre sente-se ofendido com as insinuações da vizinha e revida, disso resultando uma longa troca de injúrias pessoais que só termina quando Leonardo aparece e descompõe a vizinha, vingando o padrinho. Na sequência, Leonardo e o filho do sacristão aprontam com a vizinha na igreja; a vizinha se queixa ao mestre de cerimônias, que os repreende; com isso, a vizinha se sente vingada, mas os meninos decidem vingar-se do padre, e o fazem atrasar-se para o sermão (evento ansiado pelo mestre de cerimônias por propiciar-lhe um instante de glória). O padre, por seu turno, descarregará sua ira contra o capuchinho que se oferecera para fazer o sermão em seu lugar. Enxotando o capuchinho, mas ainda não apaziguado, o mestre tenta vingar-se de Leonardo com uma repreensão, mas este se salva insinuando em público a relação do padre com a cigana. Em seguida, o mestre despede Leonardo, tirando-o das funções de ajudante de sacristão; a vizinha, ao saber da notícia, pela-se de gosto e volta a atazanar o compadre.

Como se vê, há uma lógica da vingança comandando a movimentação dos personagens. A dinâmica que se estabelece caracteriza-se pela permutabilidade das posições dos personagens, de modo que cada rixa gera outra, que gera outras, indefinidamente. É essa dinâmica da matéria social elaborada no romance que define o esquema episódico da narrativa, a qual não é guiada pelo desenvolvimento interno da ação, mas pela sucessão de situações em que os personagens são lançados. (Como um padrão irrefreável, essa dinâmica reaparece na segunda parte do romance, que também é recheada de rivalidades, apesar de mais centrada na linha biográfica do herói.)

Esse tipo de vingança tem sentido diverso da que se encontra no romance romântico-realista europeu, em que ela aparece como "quintessência do individualismo" (expressão de Antonio Candido). Nas *Memórias*, a vingança tem caráter pessoal, mas não se associa ao isolamento do indivíduo burguês.

No Romantismo europeu, o tema pré-burguês da vingança pessoal serve à figuração do empreendimento racional de caráter propriamente burguês: combina-se com valores próprios ao individualismo arrivista, fundado nos princípios de competição do liberalismo econômico, em consonância com a "nova fase de conquista da posição social pela seleção do talento e da habilidade". Da perspectiva romântica, a vingança se encarna melhor no mito de rebeldia do herói byroniano, um ser de exceção que "acredita poderosamente em si mesmo". Movido pelo desejo de vingança, o indivíduo isolado eleva-se satanicamente para sobrepor-se à norma, nutrindo-se das forças subterrâneas[1].

Nas *Memórias*, as vinganças não são metódicas nem racionalizadas, mas sim irrefletidas e impulsivas. Os planos vingativos, quando do ocorrem, visam ao efeito instantâneo e esgotam-se tão logo se alcança um arranhão no objeto da desforra (como na vingança que Pataca prepara contra o mestre-de-cerimônias na disputa pela mulher desejada, contratando um valentão para armar briga no aniversário da cigana). Por mais irrisório que seja o motivo, qualquer rebaixamento do oponente basta para que o vingador, inicialmente rebaixado, sinta-se compensado ou restituído em seu sentimento de amor-próprio. Em lugar do antagonismo absoluto do enredo romântico europeu, encontra-se aqui a disputa por picuinhas.

Esse tipo de vingança, que não se desdobra no tempo, em nada se assemelha à dinâmica do empreendimento individualista do carreirismo econômico, identificando-se antes a uma espécie de revide irrefletido, cuja manifestação desenfreada seria, em princípio, incompatível com o planejamento racional. As pequenas vinganças do mundo das *Memórias* caracterizam-se, assim, pelo caráter imediatista, que se mostra também no fato de que elas não se conjugam necessariamente ao propósito de tirar vantagem eco-

---

1. Ver A. Candido, "Da Vingança", em *Tese e Antítese*, 2. ed., São Paulo, Nacional, 1971, p. 13.

64 ERA NO TEMPO DO REI

nômica nos termos da racionalidade burguesa, embora também aqui (como veremos) as rixas tenham implicações materiais.

Com efeito, quando o tenente-coronel oferece seus favores para cuidar de Leonardo (t. 1, cap. xi), o barbeiro não admite que tirem o menino de sua casa, pois ceder a guarda do afilhado seria, a seu ver, "dar o gostinho a esta súcia da vizinhança" (p. 129). Isso ocorre apesar de a proposta do tenente-coronel apresentar clara vantagem econômica para o compadre, que deixaria de ter de sustentar o menino (anteriormente, ao acolher o afilhado, o padrinho dizia, resignando-se: "está bom, já agora... vá; ficaremos com uma carga às costas" [p. 79]). Em parte, há o compromisso espiritual próprio da relação de compadrio (o barbeiro "só fora levado àquele excesso [contra a vizinha] pelo amor do afilhado" [p. 127]), mas não é apenas isso que faz o barbeiro recusar o oferecimento do tenente-coronel, pois, como ele próprio diz, trata-se de "birra". Seja como for, uma coisa é certa: o compadre quer evitar ser rebaixado pela opinião da vizinhança, e em particular pela vizinha agourenta. Não estando diretamente ligada ao cálculo econômico, e até mesmo bloqueando-o, a rixa vincula-se acima de tudo à autossatisfação (imaginária) dos personagens.

Como elemento estrutural, de composição literária, a vingança podia exercer, no romance romântico europeu, uma função análoga à das viagens no romance picaresco: "a vingança foi uma das possibilidades de verificar a complexidade do homem e da sociedade, permitindo circular de alto a baixo na escala social". Ela permitia explorar os fundamentos de uma situação, num primeiro esboço de análise social, com base no senso de comunicação dos vários segmentos da sociedade. Daí a ligação, no vingador romântico, das alturas dominadoras com as forças subterrâneas – vínculo que define a novidade da elaboração do tema no Romantismo[2].

---

2. Ver A. Candido, "Da Vingança", p. 16. Esperamos que nossa insistência nesse ensaio de Antonio Candido, que trata de Alexandre Dumas, não pareça descabida: Manuel Antônio considerava Dumas "o grande mestre, o grande gênio do romance moderno" (*Obra Dispersa*, Rio de Janeiro, Graphia, 1991, p. 52); tendo em vista a realização das *Memórias*, isso só comprova a independência do brasileiro em relação aos escritores europeus que admirava.

Mas não é isso o que se verifica no romance de Manuel Antônio, que, sem procurar imitar modelos europeus, volta-se antes para a realidade local e desenvolve a partir dela o andamento da narrativa. Comportamento generalizado e de efeito apenas imediatista, a vingança nas *Memórias* não favorece a organização da narrativa segundo uma estruturação dramática, conduzindo antes ao revezamento de situações restritas. As pequenas vinganças, que se vão produzindo umas às outras incessantemente como numa reação em cadeia, tendem à mera sucessão de eventos, e não ao seu desdobramento; nesse sentido, não conduzem à organização de uma linha nítida de desenvolvimento do enredo, embora contribuam para imprimir à narrativa a movimentação particular de sarabanda.

Numa organização social de pouca mobilidade, em que os pobres livres dependem do favor ou de meios precários para a sobrevivência, as vinganças apresentam um ritmo específico que se aproxima daquele que governa a vida dos despossuídos, marcada pela vivacidade de quem vive de expedientes, obtendo sustento para um dia, mas sem qualquer garantia quanto ao futuro. Assim também o vingador de hoje pode ser vítima de vingança amanhã; os eventos conflituosos não se desdobram, e a posição dos personagens depende da reviravolta da situação, sempre fora de seu controle.

Para entender a motivação das vinganças e seu sentido – que estão implicados no espírito rixoso generalizado –, convém observar o principal conflito do romance, que se dá entre Leonardo e o major. Como não podia deixar de ser, o embate direto entre os dois é provocado por outra vingança, a dos primos de Vidinha, que, para se livrarem do concorrente, o denunciam ao major como vadio. No caminho para a casa da guarda, Leonardo consegue escapar, e Vidigal, logrado, passa a considerá-lo um "inimigo irreconciliável" (p. 276).

A partir daí, torna-se claro que a lei servirá para o major apenas como pretexto para a desforra, ou melhor, como meio de justificar a afirmação de sua autoridade pessoal. Tanto assim que Vidigal chega a temer que Leonardo passe a viver de acordo com as normas da legalidade: "se ele se emenda perco eu a minha vingança" (p. 282). À finalidade última da lei, que seria o disciplinamento dos vadios da cidade, sobrepõe-se o impulso vingativo de Vidigal, que não admite que a disciplina seja alcançada senão por imposição de sua própria vontade.

Pode-se notar aqui a confusão entre o interesse público oficialmente aceito e o interesse privado. Mas essa interpenetração é regida por uma lógica específica: a própria alternância de norma e infração está subordinada ao espírito rixento, o qual se liga ao desejo de sobrepor-se aos outros, sendo sempre acompanhado de compensações imaginárias.

O narrador explica que, se Leonardo não tivesse fugido e arranjasse a soltura por algum outro meio que não o ludíbrio do major, este seria até capaz de vir a ser seu amigo. Para o chefe de polícia, a burla da lei nada significa em comparação com a injúria pessoal provocada pela habilidade malandra que o enganara: o que Vidigal não tolera é que Leonardo o tenha ofendido "em sua vaidade de bom comandante de polícia" (p. 276), pois "um dos maiores caprichos do major era nunca mostrar que havia sido logrado" (p. 302).

Aparentemente, a motivação principal da vingança seria apenas a vaidade; nesse caso, o romance se reduziria a uma simples sátira de um traço moralmente condenável dos homens "em geral". Veremos, contudo, que não se trata apenas disso; pois, se a vaidade pode ser encontrada um pouco em toda a parte, a dos personagens das *Memórias* está bem assentada nas peculiaridades das condições sociais brasileiras. A vaidade liga-se aqui a certo sentimento de superioridade, cuja confirmação depende sempre do rebaixamento dos demais. As rixas se instalam quando a imagem que um personagem faz de si mesmo é posta em questão pelo olhar do outro. Esse olhar pode ser movido pela maledicência (que é outra maneira de rebaixar, gesto sempre acompanhado da satisfação de ficar por cima), mas também pode acabar denunciando o caráter ilusório da autoimagem com que o personagem difamado julga-se a si mesmo.

Repetindo a todo instante que Leonardo tem maus bofes, a vizinha toca precisamente na vaidade do compadre, que sonha um futuro brilhante para o afilhado na carreira clerical, para poder brilhar por sua vez ("hei de ter ainda o gostinho de o ver dizer missa... de o ver pregar na Sé, e então hei de mostrar a toda esta gentalha aqui da vizinhança" [p. 83]). Do mesmo modo, para revidar, o compadre ofende a vizinha dizendo que seu defunto marido, o qual a vizinha tem por santo homem, "está a esta hora dando coices no inferno!..." (p. 127).

O complemento da vaidade, que também se manifesta de outros modos além da vingança, é evitar a todo custo a humilhação por outro personagem (como a birra do compadre mostra). Assim, as rixas envolvem, de parte a parte, a vontade de impor-se sobre o outro. Com efeito, no Brasil dos inícios do século xix, "não estamos no chão do individualismo econômico e das garantias liberais, em que a opinião dos outros pode parecer secundária à autonomia moral"[3].

Acresce que o rebaixamento dá ocasião para a zombaria de todos os demais. Assim, ao ser preso na casa do caboclo, Pataca perdoaria "de bom grado" as chibatadas que levara por ordem de Vidigal, "contanto que ficassem em segredo"; mas ser exposto na casa da guarda, "isso é que ele não podia tolerar" (p. 95). O que parece inaceitável não é a própria humilhação do açoite, mas o vexame público; por isso, não estranha que a soltura seja sentida por Pataca como algo pior do que a prisão: "insuportáveis torturas começaram para ele no dia em que saiu da cadeia: a mofa, o escárnio, o riso dos companheiros seguiu-o por muitos dias, incessante e martirizador" (p. 123).

Desse modo, mesmo os que não estão diretamente envolvidos numa situação de contenda podem tirar vantagem de uma disputa alheia, humilhando o personagem inferiorizado, para se sentirem em posição de superioridade por sua vez. Isso explica a presença ubíqua do riso dos personagens, que pontua a ação do romance do começo ao fim. Não só todo triunfo de vaidade vem

---

3. R. Schwarz, *Ao Vencedor as Batatas*, p. 97.

68 ERA NO TEMPO DO REI

acompanhado do riso de mofa daquele que se sente vencedor, como também outros que nada têm a ver com o caso passam a humilhar o personagem que foi rebaixado, rindo-se dele: são recorrentes as expressões como "sorriso maligno", "riso sardônico", "sorrisos maliciosos", "risadinha maldosa", além do riso onipresente, que aparece sem qualificativo, mas que não deixa dúvidas quanto ao sentido vexatório[4]. No episódio em que o compadre e a vizinha se enfrentam, um velho que mora em frente pega carona nas provocações da mulher contra o barbeiro e marca com risadas o seu prazer em ver o rebaixamento do compadre; quando o afilhado intervém e descompõe a vizinha, é o compadre que se sente vingado e desata a rir por seu turno. Mas isso não encerra a disputa, pois fica estabelecida a rixa do compadre com o velho: "agora falta-me aquele velho de defronte que também acompanhou a risota; mas não faltará ocasião" (p. 128).

Assim, verifica-se nas *Memórias* uma generalização do espírito rixoso, que funciona como princípio formal. A lógica das rixas pode combinar-se à força disciplinadora da lei (Vidigal), ao poder assentado na riqueza (D. Maria) e à pretensão ao lustro da cultura erudita (mestre-de-cerimônias), assim como à esperteza com que os malandros burlam a lei ou obtêm favores, ou ainda rivalizam entre si através da maledicência e da intriga (a vizinha, José Manuel, o mestre de reza), dos pequenos golpes e da

---

4. Note-se que esse tipo de riso se afasta de tradições como a do *charivari* francês. Embora também se exteriorize sob a forma do riso agressivo, o *charivari* carrega um sentido conservador de punição do "desvio" individual, sendo praticado em nome de valores morais que garantem a coesão da comunidade (em outro plano, o "*ridendo castigat mores*" apresenta sentido semelhante). O riso malicioso que acompanha as rixas nas *Memórias* não visa à conservação de valores morais rígidos, compartilhados pelo grupo; um termo de comparação interessante seria antes a *beffa* italiana, modalidade de brincadeira maldosa própria a certa "cultura da trapaça", cuja finalidade era humilhar, envergonhar e aniquilar socialmente os rivais. (Sobre o *charivari*, ver G. Minois, *História do Riso e do Escárnio*, São Paulo, Ed. Unesp, 2003, p. 169 e ss.; para uma visão sobre seu equivalente britânico, ver E. P. Thompson, "Rough Music", em *Customs in Common*, New York, The New Press, 1992, pp. 467-538. Sobre a *beffa*, ver P. Burke, "Fronteiras do Cômico nos Primórdios da Itália Moderna", em J. Bremmer & H. Roodenburg, *Uma História Cultural do Humor*, Rio de Janeiro, Record, 2000, pp. 93-114.)

valentia (Teotônio, Chico-Juca). O próprio narrador, com sua ironia maliciosa, não deixa de divertir-se caçoando dos personagens. Mesmo em episódios secundários é possível identificar o mesmo padrão, como na Via Sacra do Bom Jesus (pp. 84-85), em que a "devoção dos carolas" dá ocasião para a zombaria e a "imoralidade" dos rapazes que acompanham a procissão. Estes, "interrompendo a cantoria com ditérios em voz alta, ora simplesmente engraçados, ora pouco decentes", aproveitam a profusão de pessoas para transformarem a festa religiosa numa espécie de entrudo: para se divertirem, arremessam bolas de cera na calva de algum devoto, provocando gargalhadas na multidão.

O domínio da vingança, sempre acompanhado de compensações no plano da imaginação, faz prosperar a luta dos personagens entre si, em busca do sentimento de superioridade sobre os outros, a cada vez que a autoimagem sofre arranhões. Com isso, parece impedir que aflore à consciência do malandro a posição subalterna "objetiva" que ocupa por estar submetido às injunções das relações de poder efetivas.

ESPÍRITO RIXOSO

A sociabilidade dos homens livres pobres não se manifesta somente em relações comunitárias de vizinhança, ajuda mútua e cooperação. Embora essas relações existam e sejam um fator importante para a sobrevivência dos pobres em circunstâncias desfavoráveis[5], os modos de convivência observados no mundo das *Memórias* apontam para direção diversa, sugerindo que a sociabilidade da camada intermediária era igualmente marcada por desavenças, rivalidades e agressões.

Como se sabe, a formação histórico-social brasileira engendrou um padrão de comportamento fundado na violência. No plano das relações interpessoais mais diretas, essa violência se manifesta de diversas maneiras e, embora seja mais visível na ca-

5. Cf. A. Candido, "The Brazilian Family"; e *Os Parceiros do Rio Bonito*, pp. 67-77.

mada de homens livres pobres e especialmente em certos "tipos sociais" como o jagunço ou o capanga, corresponde a um comportamento generalizado. Na esfera da classe dominante, a conduta violenta se concretiza no mandonismo dos proprietários – âmbito em que a violência normalizada serve a interesses econômicos e político-eleitorais específicos, ao passo que, no campo dos pobres, a violência adquire aparência de gratuidade[6].

A característica mais notável desse comportamento, normalizado nos recantos do país, é a irrupção da violência como meio de resolução de conflitos, os quais podem envolver estranhos tanto quanto conhecidos, amigos e familiares. Via de regra, os motivos imediatos que desencadeiam esses conflitos mostram ser desproporcionais em relação ao desenlace violento, que não raro termina em "lutas de extermínio"[7].

O comportamento violento tem base na precariedade da situação econômico-social da camada de pobres livres no interior da ordem escravista. A situação instável dos pobres os leva a um modo de vida caracterizado pela mobilidade, estabelecendo contatos transitórios, em que os vínculos de interação entre as partes se atam e se rompem com imensa facilidade, uma vez que não há interesses comuns que assegurem sua coesão: as relações apresentam caráter efêmero, sendo apoiada na afetividade pessoal, mas sem que haja um conjunto de valores sedimentado, capaz de agrupar as pessoas com base em algo além do interesse imediato[8].

---

6. Ver M. S. de C. Franco, *Homens Livres na Ordem Escravocrata*. Encontrando no mundo urbano de Machado de Assis a mesma lógica do complexo de relações do mundo rural estudado por M. Sylvia, R. Schwarz assinala que isso indica "a unidade profunda do processo social" (*Ao Vencedor as Batatas*, p. 109, nota 3). Sobre a análise de classe no estudo de M. Sylvia, ver R. Schwarz, *Sequências Brasileiras*, pp. 97-98.

7. M. S. de C. Franco, *Homens Livres na Ordem Escravocrata*, p. 59.

8. "Tanto a competição como a cooperação são comportamentos orientados, embora de modo diverso, para um objetivo material comum: é, em primeiro lugar, sua relação com esse objetivo o que mantém os indivíduos respectivamente separados ou unidos entre si. Na rivalidade, ao contrário, como na prestância, o objetivo material comum tem significação praticamente secundária; o que antes de tudo importa é o dano ou o benefício que uma das partes possa fazer à outra" (S. B. de Holanda, *Raízes do Brasil*, p. 30).

Apartado das garantias do direito civil e inserido numa ordem em que prima o poder pessoal dos proprietários, o homem livre pobre se encontra numa situação em que qualquer ofensa ou provocação que coloque em questão os seus predicados atinge a integralidade da pessoa, e não somente um segmento abstrato da personalidade fragmentada em múltiplos papéis sociais. A organização social, que impunha ao pobre livre a necessidade de contrair alguma forma de proteção de um poderoso, era de molde a dificultar o entendimento de si mesmo que não fosse baseado na própria pessoa; assim, aquilo que o homem pode fazer de si mesmo e de seu semelhante era a única referência disponível para sua consciência:

> Postos em dúvida atributos pessoais, não há outro recurso socialmente aceito, senão o revide hábil para restabelecer a integridade do agravado. Este objetivo, nessa sociedade onde inexistem canais institucionalizados para o estabelecimento de compensações formais, determina-se regularmente mediante a tentativa de destruição do opositor. A violência se erige, assim, em uma conduta legítima[9].

Nesse quadro, torna-se um imperativo a demonstração de valor pessoal em circunstâncias públicas – daí, por exemplo, a primazia da festa como local privilegiado para exibições de valentia e provocações, que frequentemente derivam em discórdia. Uma vez estabelecida, a desavença pode sempre desencadear novos conflitos, mesmo quando ocorrem intervenções de terceiros, ainda que estas se façam com o intuito de apartar os contendores, pois, ao invés do apaziguamento, essas intervenções não raro acabam gerando um moto-contínuo de agressão generalizada. De resto, a vingança é de tal natureza que tende sempre à sua reprodução incessante: ao vingar-se, o agravado provoca uma afronta ou injúria, da qual o novo ofendido buscará vingar-se, e assim sucessivamente.

No centro desses conflitos violentos está o funcionamento peculiar das aparências, em que o prestígio e o respeito depen-

---

9. M. S. de C. Franco, *Homens Livres na Ordem Escravocrata*, p. 48.

dem da contínua afirmação da supremacia da pessoa, substituindo-se à autonomia moral, valorizada pelo padrão burguês, mas inviabilizada pela ordem escravocrata e pelas relações perpetuadas em seu interior.

Nas *Memórias*, o comportamento em que o espírito rixoso se mostra em estado mais extremo é a valentia. O pardo Chico-Juca, a quem Pataca recorre para vingar-se da infidelidade da cigana, é uma espécie de versão urbana do capanga rural, que vive de sua força muscular, armando brigas e dando surras por dinheiro (o modo como ele luta lembra os golpes dos capoeiras). Ao alugar seus serviços, o valentão disponibiliza sua capacidade de agressão para quem lhe pague, fornecendo a qualquer um a possibilidade de obter o gosto de uma desforra.

O narrador nomeia o comportamento característico de Chico-Juca como "vício da valentia" (p. 152): mesmo quando não estipendiado, ele só fica satisfeito depois de brigar e dar pancadas "a fartar". No entanto, não sendo um traço de caráter historicamente descomprometido (como a ideia de "vício" sugere), a valentia tem função específica naquele universo social e explicita a necessidade de afirmar a própria pessoa. Longe de ser uma excentricidade que encarna um comportamento de exceção, em seu âmbito Chico-Juca personifica uma tendência mais geral: "Ser valentão foi em algum tempo ofício no Rio de Janeiro" (p. 150).

Note-se, a propósito, que o toma-largura também mostra inclinação para a valentia: quando bebia, "dava-lhe para valentão e desordeiro". A história de sua união com Vidinha confirma o padrão das vinganças, já que essa relação amorosa tem como motivação inicial o desejo da família de Vidinha de vingar-se de Leonardo (que havia abandonado a família sem dar satisfações), e a própria relação com Vidinha é uma vingança contra Leonardo. Na festa que celebrava a união dos dois, o toma-largura "deu-se por ofendido, não sabemos por quê", e armou uma confusão (p. 297). Na sequência, porém, é Leonardo que, sendo agora um granadeiro sob as ordens de Vidigal, vinga-se do toma-largura, ameaçando levá-lo preso: Leonardo "abençoou o acaso, e mesmo o major Vidigal, por lhe ter fornecido ocasião de ir arrancar dos lábios de seu rival a taça da ventura. Até quase que estimou que lhe tivessem sentado praça" (p. 299). Bêbado, o toma-largura desaba e os soldados o abandonam, em parte por ser impossível carregá-lo, em parte porque, "se bem que da última classe, sempre era o toma-largura gente da casa real, e nesse tempo tal qualidade trazia consigo não pequenas imunidades" (p. 300).

Voltando a Chico-Juca, a fama de valentão é o que lhe propicia certos benefícios a que, de outro modo, não teria acesso: "não havia taverneiro que lhe não fiasse e não o tratasse muito bem" (p. 152). A força bruta e a reputação permitem-lhe praticar arbitrariedades, reproduzindo o padrão de conduta da classe dominante. (Não sendo propriamente uma "especialização" num serviço cuja demanda garante ganhos, a mercantilização da força muscular seria antes uma possibilidade de ganho adicional, uma vez que a tendência para a briga e o sarilho é parte da reafirmação do valor pessoal fundado na força bruta.)

A exibição pública da valentia tem algo de primitivo, o que é reforçado pela maneira com que Chico-Juca passou a ter esse apelido: seu nome era Francisco e, tendo vencido outro valentão, o maior do tempo, cujo apelido era Juca, passou a ser chamado de Chico-Juca, juntando ao seu o nome do vencido "como honra pela vitória" (p. 152). Ocupando o "trono da valentia" de onde destituiu o antecessor, e assimilando-lhe o nome, Chico-Juca explicita o caráter permutável que os personagens adquirem no interior da lógica da vingança[10].

---

10. Nesse sentido, o espírito rixoso pode ser considerado uma manifestação daquilo que J. A. Pasta Jr. chama de "luta de morte", cabendo lembrar especialmente a luta em que "se entrematam jagunço e jagunço, intercambiando-se as posições" ("O Romance de Rosa", p. 167). O leitor dirá se exageramos ao sugerir que um padrão substitutivo assemelhado encontra-se numa manifestação cultural tão diversa quanto o desafio de cantadores (que estiliza a luta), uma vez que a alternância dual de contendores é constitutiva da própria forma do desafio (ver Cláudio Henrique Sales Andrade, *Patativa do Assaré: As Razões da Emoção (Capítulos de uma Poética Sertaneja)*, São Paulo, Nankin, 2004, cap. 2).

O personagem simétrico e oposto a Chico-Juca é Teotônio, o animador de festas e banqueiro de jogo (t. 2, cap. xx). Assim como Chico-Juca era "o desespero de Vidigal", que não conseguia agarrá-lo, Teotônio é há muitos meses procurado pelo major, que no entanto não havia encontrado ocasião de pilhá-lo. E se Chico-Juca é temido e bem tratado por conta de sua força física, Teotônio é prezado e querido em virtude de seus múltiplos talentos ligados à sociabilidade e ao divertimento; sua simples presença é garantia de sucesso de qualquer festa, assim como a presença de Chico-Juca é garantia de brigas e confusão.

À primeira vista, os dois personagens parecem constituir um simples par de opostos. No entanto, Chico-Juca tem uma face menos conhecida: ordinariamente era afável e gracejador, "cheio de ditérios e chalaças" (p. 152), o que o aproxima do sociável e divertido Teotônio. Longe de formarem uma oposição estanque, afabilidade e agressão são facetas reversíveis que se convertem uma na outra, conforme a ocasião[11]. Com efeito, os dois componentes da caracterização de Chico-Juca deixam entrever o fundo rixoso da própria sociabilidade encarnada em Teotônio: assim como as chalaças de Chico-Juca implicam zombaria e portanto o rebaixamento de outros (para a reafirmação sempre renovada da própria superioridade), a principal habilidade de Teotônio ao animar as festas a que é convidado consiste em fazer caretas imitando caras conhecidas. O momento culminante de seu *show* ocorre quando Teotônio imita "com muita semelhança a cara comprida e chupada do Vidigal" (p. 308), e o resultado é que todos "desataram a rir estrondosamente apontando para o major". Aqui, não se trata apenas da irreverência do oprimido em face do poder superior, pois Teotônio tem outras habilidades que envolvem igualmente a ridicularização de outros pobres: ele falava "língua de negro" e arremedava a fala dos meninos da roça (p. 306), talentos que servem para a di-

---

11. Abusando um pouco, lembro uma observação de Schlichthorst: "O brasileiro é cortês até o momento de enterrar o punhal no peito do inimigo" (*O Rio de Janeiro Como É*, Brasília, Senado Federal, 2000, p. 165).

versão das rodas em que convive. Como se vê, a sociabilidade simpática dos homens livres pobres não deixa de participar da lógica da busca de supremacia por meio do escárnio que, no caso, dirige-se contra o poderoso major e também contra negros e caipiras.

O espírito rixoso como que se sobrepõe ao antagonismo de classe, ou antes revela sua configuração específica nas condições escravistas-clientelistas, em que os pobres, ao invés de se identificarem em função da condição comum, identificam-se antes com alguma instância de poder (real ou imaginária), lutando entre si.

Na sociedade brasileira, a expressão extrema da forma peculiar que o conflito violento assume é a matança movida por questões pessoais ou feita a serviço de um proprietário, de acordo com o "código do sertão". Não por acaso, o tema da bandidagem é recorrente na literatura brasileira[12], e frequentemente foi elaborado com ambientação rural: mas tal modo de explorar a violência parece confiná-la ao campo do Brasil "atrasado", em oposição à faixa "moderna" da civilização urbana.

No mundo das *Memórias*, o triunfo em situações de rivalidade se dá de maneiras variadas, e depende principalmente da esperteza, estando mais ou menos barradas as soluções extremas da violência física brutal. Tanto assim que, ao tomar conhecimento das intenções de José Manuel em relação a Luisinha, Leonardo chega a ter pensamentos de assassínio: a "ideia mais pacífica" que teve foi a de tomar uma navalha afiada do padrinho e "na primeira ocasião oportuna fazer de um só golpe em dois o pescoço de José Manuel"; porém o padrinho o dissuade de qualquer atitude semelhante (p. 189). Em lugar do desenlace violento, primam os ditérios e os embustes guiados pela astúcia, que resolvem os conflitos e rivalidades, ainda que apenas temporariamente. Resta, entretanto, a estrutura comum da busca de

---

12. Cf. A. Candido, "Jagunços Mineiros de Cláudio a Guimarães Rosa", em *Vários Escritos*, São Paulo, Duas Cidades, 1970, pp. 133-160.

supremacia: o assassínio é o modo de afirmação mais primitivo e pessoal do poder supremo; o logro e o achincalhe são manifestações do mesmo impulso, mas com ênfase deslocada para o plano simbólico, isto é, para a valorização das aparências. A astúcia, como o riso, aponta para além da agressão física crua, pois envolve manifestações da violência que são, por assim dizer, socialmente mais toleráveis. Em lugar da supressão física do inimigo por meio da força bruta, encontra-se a sua desmoralização pela arma do riso. Ao mesmo tempo, contudo, é preciso assinalar que o domínio dessa atitude fundada na astúcia malandra aponta igualmente para a não-efetivação do modelo preconizado pela civilização burguesa. Isto é, a astúcia já sinaliza algo além da barbárie primitiva, mas também está aquém do ideal civilizado que o ponto de vista moderno postula.

Ao elaborar uma manifestação específica dessa violência no centro da maior e mais avançada cidade brasileira do tempo, as *Memórias* colocam em questão a euforia romântica com o progresso, deixando entrever a persistência do padrão "atrasado" na própria franja civilizada, bem como as clivagens internas que a fissuram[13].

Se na tradição da bandidagem a ênfase recai sobre a violência física crua, em seus vários aspectos (mandonismo, roubo, assassínio e até certas formas de solidariedade), na tradição malandra o acento recai sobre os ajustamentos e arranjos, que por vezes adquirem aspecto simpático, mas nem por isso deixam de ter li-

---

13. Pode-se dizer que, no âmbito civilizado, o espírito rixoso se manifesta também sob a forma da polêmica (comumente dada a público em jornais), que é uma tradição inglória da vida intelectual brasileira. Encarregado da seção de livros do *Correio Mercantil*, Manuel Antônio enfrentou uma polêmica após resenhar o primeiro volume dos *Exercícios Poéticos*, de Francisco Muniz Barreto. Atacado pelo poeta, Manuel Antônio voltou ao tema alguns meses depois, aproveitando o aparecimento do segundo volume (os artigos estão reproduzidos em *Obra Dispersa*, pp. 63-84). Embora ele mesmo acabe adotando uma tonalidade um pouco grosseira, Manuel Antônio percebia com certa clareza a motivação personalista do ataque do poeta, comentando com lucidez o artigo de Muniz Barreto: "Não é a importância da questão que quero reavivar com isto: é a sua degeneração que busco tornar sensível" (p. 78).

gação com o caráter autoritário dos relacionamentos, pois ambos prendem-se ao quadro social de desigualdades e falta de direito. Vale notar que, em alguns de seus artigos jornalísticos, Manuel Antônio chega a tratar diretamente do tema do mandonismo, demonstrando preocupação continuada com a discrepância entre os princípios da civilização moderna e as práticas sociais brasileiras. Já em seu primeiro artigo, o escritor menciona as consequências do poder dos fazendeiros, assinalando que o mandonismo é uma prática comum "em certos pontos do império": "o fazendeiro, [...] quando tiver a sua gente bem aguerrida, tornar-se-á um senhor feudal dentro de sua casa; oprimirá seus vizinhos, zombará das leis, e resistirá às autoridades"[14].

Manuel Antônio retorna ao tema em artigo-carta para o jornal *Paraíba*, de Augusto Emílio Zaluar, ao tratar da responsabilidade moral do jornalismo, acentuando a função pública e imparcial da imprensa: "Até aqui chamava-se fazendeiro mais importante, ao mais violento nos manejos eleitorais e que só desse mérito tirava o direito à preferência que lhe davam sobre os outros. [...] A maior tirania dos abusos que se cometem no interior do país, longe dos centros da administração e da justiça, está no mistério de que se acobertam; trazê-los à luz, é puni-los"[15].

De maneira mais desenvolvida, o tema aparece num artigo sobre o romance *O Comendador*, de Pinheiro Guimarães:

O tipo hodiernamente original dos nossos mandões de aldeia, essa torpe idealização da perversidade, perversidade estúpida, grosseira, esquálida que traz sob a pressão de suas numerosas torpezas todo o interior de nosso país, amparada e sustentada pela outra perversidade inteligente, polida, dourada, que de longe a açula em seus maus instintos para fazê-la servir a seus fins mais indireta porém não menos friamente criminosos, de há muito devia ter sido trazida às páginas imparciais e eloquentes do romance.

---

14. "A Civilização dos Indígenas" (13.12.1851), em *Obra Dispersa*, pp. 11-12.
15. "A Informação contra a Tirania" [título do organizador] (02.12.1857), em *Obra Dispersa*, p. 88.

Nos processos encontram eles juízes venais, testemunhas perjuras para inocentá-los nos seus crimes mais públicos e provados.

Nas colunas da imprensa diária, abertas por sua própria natureza à verdade e à mentira, encontram penas vendidas para escreverem o panegírico de sua malvadez.

Na tribuna, vozes que lhe devem o fôlego não se animam a erguer-se para profligá-los.

Pois bem, o romance que os trouxer em toda a verdade de sua hediondez ao tribunal da consciência pública, será, quando não mais, uma página de santa vingança[16].

Aqui, Manuel Antônio acentua a conjunção do poder autoritário do fazendeiro com a justiça, a imprensa e a tribuna, indicando a abrangência das relações de clientela e patronagem. Notando a contradição entre o ideal que em princípio nortearia aquelas instituições e seu funcionamento real na prática dominada pelo mandonismo, o escritor vê no romance um veículo capaz de exercer a função de denúncia social, atuando na dimensão pública, sem confinar-se ao beletrismo ou ao recreio ameno. A amplitude e a diversidade das consequências dessa contradição são vistas por ele como assunto a ser explorado pela literatura: "Que desastrosos lances, que ensanguentadas peripécias, que dramas medonhos não se passam no interior desses domínios da prepotência, da estupidez, e da impunidade! Seria exagerado esforço para uma só pena procurar retraçá-los num único quadro, tão múltiplas e variadas são as suas cenas"[17].

Note-se de passagem que Manuel Antônio não deixava de captar também no outro campo social as manifestações do espírito rixoso. Ao tratar de certa proposta de reabilitação das bandeiras para a captura de índios (ver Excurso 2), ele imaginava os extremos a que essa questão poderia levar: "Uma guerrilha composta até de escravos grosseiros e brutais, que acharão sem

---

16. "Os Mandões de Aldeia e a Idealização da Perversidade" [título do organizador] (20.07.1856), em *Obra Dispersa*, p. 51.

17. *Idem*, p. 52.

dúvida um cruel prazer em ter também o direito de matar, castigar, prender, em ser também, ainda que por pouco tempo, senhor absoluto no meio de seu cativeiro"[18]. Não é preciso chamar a atenção para o fato de que essa observação parece prefigurar algo da elaboração literária que mais tarde Machado de Assis faria desse comportamento na figura de Prudêncio, o escravo de Brás Cubas[19].

É certo que nada disso é tratado diretamente nas *Memórias de um Sargento de Milícias*, mas a percepção do núcleo de barbárie no âmago da civilização se faz presente na figuração dos comportamentos mais "avançados", como se pode observar no retrato de D. Maria, personagem que está situada no outro polo do mundo social do romance. Ela é a única representante da classe dominante que tem papel significativo nas *Memórias* (outro personagem abastado, que faz apenas uma aparição-relâmpago, é o "fidalgo de valimento" [t. 1, cap. x] a quem o tenente-coronel pede auxílio para a soltura de Pataca quando este se encontra preso na casa da guarda).

Rica e "amiga dos pobres", elegante e fofoqueira, demandista e de bom coração, D. Maria vive rodeada de escravos e serviçais, anda de cadeirinha e veste-se de acordo com a moda parisiense. Tudo em sua figura sinaliza a distinção social: a quantidade desmesurada da escravaria, bem como o uso de certos meios de transporte – como a cadeirinha, privilégio de fidalgos e abastados –, eram maneiras pelas quais os membros da classe proprietária ostentavam sua riqueza.

A própria recepção dos pobres em sua casa, no dia da procissão, é marcada por esse elemento. A hospitalidade é considerada pelo narrador como uma atitude benfazeja, mas também é claramente qualificada como exceção (a exceção não se refere

---

18. M. A. de Almeida, "A Civilização dos Indígenas", em *Obra Dispersa*, p. 11.
19. Para uma análise do episódio machadiano, ver R. Schwarz, *Um Mestre na Periferia do Capitalismo*, pp. 106-107. Não se trata da confirmação de uma suposta maldade essencial do ser humano, mas de um comportamento socialmente determinado.

ao caráter de D. Maria, mas à situação de festa, que cria a sociabilidade – tudo indica que o paternalismo da ricaça é a regra entre os proprietários, manifestando-se mais intensamente em ocasiões específicas). Luxuosamente enfeitadas para a passagem da procissão, as fachadas das casas revelam outra maneira pela qual se manifesta a ostentação. Embora o narrador não se dê ao trabalho de descrever a casa de D. Maria nem o efeito causado sobre os visitantes, a benevolência tem sua contrapartida na força vexatória da riqueza ostentada, da qual os pobres tentam proteger-se vestindo-se aparatosamente, o que no entanto não os impede de ficarem satisfeitos por serem recebidos na casa da ricaça.

D. Maria exibe com orgulho os indicadores de sua posição econômica, embora o narrador não faça alarde dessas marcas de classe. Quando muito, ridiculariza-se, além da decrepitude física da matrona, a aderência à frivolidade da moda; mas nisso não havia maior originalidade nem alcance crítico: os vestidos de "mangas de presunto" (junto com o penteado "trepa-moleque", também conhecido como "tapa-missas") eram alvos fáceis do humor moralista dos contemporâneos de Manuel Antônio que se dedicaram à observação dos costumes, como o padre Lopes Gama e Macedo. A própria obsessão da matrona por demandas é condenada apenas moralmente, por ser "um dos piores vícios daquele tempo e daqueles costumes" (p. 166). No entanto, a mania está ligada à riqueza de D. Maria, provavelmente fruto da acumulação propiciada pelo comércio de mercadorias estrangeiras, pois, segundo a vizinhança, seu defunto marido era "um homem que viajava para a Índia" (p. 271).

De todos os personagens, D. Maria é a que leva mais a sério sua monomania. Ela se aplica nas demandas e acompanha-lhes o desenrolar com obsessão quase patológica, que recebe tratamento cômico. Mas, por baixo do aspecto caricatural, estão assinaladas as razões econômicas dessa mania: as ações judiciais de D. Maria, cujas causas não deixam dúvidas quanto à extensão de sua propriedade, servem ao controle e à ampliação de suas rendas, que incluem a expropriação dos outros: referem-se a terras, ao testamento de seu pai, à venda de suas casas e a um inquilino devedor.

Convém lembrar que as transformações ligadas à transferência da Corte para o Rio de Janeiro, com a criação da Mesa do Desembargo do Paço, facilitou a realização de processos judiciais (que antes precisavam ser enviados a Lisboa), tornando-os menos demorados. Contudo, talvez não seja apenas isso que explica a obsessão de D. Maria por demandas, que não era apenas uma excentricidade individual, e sim uma tendência generalizada (no capítulo inicial, o narrador informa que aquele era um "tempo em que a demanda era entre nós um elemento de vida" [p. 65]).

Em época anterior, o padre Lopes Gama[20] criticava a mania por demandas, o que parece indicar certa persistência do espírito de rixa que se manifesta por meio de processos judiciais. O contexto a que se refere Lopes Gama liga-se ao período regencial e, mais especificamente, às medidas que instituíram os juizados de paz, correspondendo também ao momento histórico focalizado na peça *O Juiz de Paz da Roça*, de Martins Pena[21]. Segundo Lopes Gama, era possível alterar os rumos de um processo judicial, desde que se possuísse bastante dinheiro e disposição para gastá-lo. Assim, pode-se dizer que, devido aos gastos que uma demanda exigia, a mania de D. Maria inscreve no romance uma instância da lei só acessível aos mais abastados.

Membro de sua classe, D. Maria pode regozijar-se acionando a instituição jurídica – e não simplesmente um chefe de polícia como Vidigal – para resolver suas contendas pessoais e exercer o seu poder e o seu arbítrio. Assim é que, ouvindo o caso do roubo da moça do oratório (que fugira com o namorado), D. Maria sabe muito bem o que faria se estivesse envolvida no episódio:

---

20. L. Gama, "As Demandas e os Demandistas" (1.7.1837), em *O Carapuceiro*, São Paulo, Companhia das Letras, 1996, pp. 201-208.

21. Sobre a peça, ver I. C. Costa, "A Comédia Desclassificada de Martins Pena", em *Sinta o Drama*, Petrópolis, Vozes, 1998, pp. 125-155.

"Se eu fosse parente da rapariga havia pôr uma demanda ao tal diabo que o havia ensinar..." (p. 214).

Desse ângulo, a mania de D. Maria, além de ter algo de ostentação, pode funcionar também como instrumento de ameaça e opressão, pois, contando para deus e o mundo sobre o andamento de seus processos judiciais, parece avisar que diante de qualquer contrariedade é capaz de recorrer a uma demanda, cujo desfecho, já se sabe, pende favoravelmente para o lado do mais rico. Aqui, como no caso dos meirinhos, quando a lei é invocada, isso se dá ao arrepio da lei: o favorecimento dos proprietários é que governa os movimentos da Justiça.

Isso explica por que, no início do romance, o sistema judiciário é apresentado, de saída, em seu aspecto mais autoritário, pelo menos para o pobre que, implicado em algum processo, é encurralado e se vê obrigado a pronunciar o "terrível – *Dou-me por citado –*", a que o narrador acrescenta: "Ninguém sabe que significação fatalíssima e cruel tinham essas poucas palavras!" (p. 66). Estando escancaradamente a serviço dos poderosos, a cadeia judiciária apresenta-se aos pobres como um organismo público que é melhor evitar. Como sugere o narrador, se passar por algum processo judicial implica abdicar de "todo o conteúdo de suas algibeiras" (p. 66), não reconhecer a citação só pode ter consequências muito piores. Desse modo, desvela-se a própria justiça como opressão institucionalizada[22].

Embora a crítica tenha acentuado de preferência a conduta afável de D. Maria – que será decisiva para o destino de Leonardo, por quem a ricaça não esconde ter simpatia, chegando a tornar-se um de seus protetores –, ela mostra também ou-

---

22. As *Ordenações Filipinas* deixavam muito claro o respeito às hierarquias sociais, regulando, por exemplo, quem podia e quem não podia ser citado numa demanda; para esclarecimento do "Dou-me por citado", convém lembrar a seguinte determinação: se o réu não comparecesse ou não mandasse procurador ou ainda um "escusador" para explicar a razão de ele não poder ir nem mandar procurador, "se poderá proceder contra ele à sua revelia". Ver *Ordenações Filipinas*, livro III, título 15: "Em que modo se procederá contra o réu que for revel e não aparecer ao termo para que foi citado"; e título 20: "Da ordem do juízo nos feitos cíveis".

tra faceta, pouco lisonjeira, indicada pelo próprio narrador: D. Maria é "extremosa em suas afeições, como em seus ódios" (p. 220). Nisso ela participa do comportamento rixoso comum a outros personagens das *Memórias*, com a diferença de que ela pode amparar-se nos mecanismos institucionais, cujo acesso é propiciado por sua posição econômica.

COMPENSAÇÕES IMAGINÁRIAS

As transformações por que passava a sociedade na época de Manuel Antônio fornecem elementos que põem a nu a desproteção em que viviam os homens livres pobres, ao mesmo tempo em que lançam luz sobre a dimensão das compensações imaginárias que costumam associar-se à relação de favor e são indissociáveis do espírito rixoso. É nessa época que a mercadoria e seus efeitos passam a fazer parte da vida cotidiana do Rio de Janeiro[23], mantendo-se inalterada a base escravista. A ideologia que acompanha a entrada da mercadoria no cotidiano é contrária ao relacionamento paternalista, mas também no campo das relações modernas os proprietários reconfirmavam seu poder tradicional.

Não basta apontar somente a incompatibilidade entre as formas "avançadas" adotadas do estrangeiro e as relações "atrasadas" que perduram na prática social real; é imprescindível observar essa questão no quadro específico da configuração de classes no Brasil. Só assim se compreende como se tornou possível a peculiar compatibilidade dos incompatíveis: a coexistência de tendências contraditórias explica-se principalmente pelo fato de que os dois tipos contraditórios de relacionamento servem aos interesses econômicos da mesmíssima classe proprietária, a qual era a única a beneficiar-se da modernização. A formação histórica da sociedade brasileira facultava a essa classe o trânsito oscilante entre as formas incompatíveis (a escravidão

---

23. Ver L. F. de Alencastro, "Vida Privada e Ordem Privada no Império", pp. 37-38; S. B. de Holanda, *Raízes do Brasil*, p. 42.

84 ERA NO TEMPO DO REI

e o latifúndio propiciaram à elite o acesso aos bens do progresso): desde a independência do país, criou-se um padrão que, de certo modo, normalizou a articulação contraditória de formas avançadas e relações sociais tradicionais[24]. Na formulação de Roberto Schwarz, *havia contradição, mas ela não expressava um antagonismo de classes*: expressava antes "duas formas de um mesmo poder, que aos poucos e sempre conforme a sua conveniência passava de uma para outra, sem que a dissolução dos vínculos tradicionais tivesse caráter subversivo"[25].

Ao instalar-se o ponto de vista do mercado, que não tinha fundamento na base produtiva mas fazia parte dos funcionamentos da ideologia que se combinava à ordem tradicional inalterada, a situação de desvalimento do homem livre pobre se mostra por inteiro: diante da ideologia própria ao mundo da troca, a situação do dependente é funesta, pois ele não tem nada para trocar. Até mesmo sua força de trabalho é por assim dizer economicamente desnecessária no sistema escravista, pois (como já notamos) os escravos se especializavam em várias atividades, preenchendo as ocupações que, em outras formações sociais, eram exercidas por camadas que comporiam uma pequena burguesia.

Ao contrário dos proprietários, que podem fornecer bens materiais palpáveis para os dependentes, estes não têm nada de "objetivo" para dar, isto é, não têm mercadoria para trocar. Da perspectiva dos proprietários, a relação de favor parece responder menos a uma necessidade econômica do que a necessidades de outro tipo. Concedendo aos protegidos os meios de sobrevivência, o proprietário exige em troca a fidelidade e a obediência; desse modo, a hierarquia é reconfirmada e o benefício do favor converte-se em uma espécie de sujeição. Da perspectiva dos pobres, a relação de dependência pode provocar o sentimento de

---

24. Cf. R. Schwarz, Intervenção em debate com Antonio Risério, em *Outros 500: Novas Conversas sobre o Jeito do Brasil*, Porto Alegre, Prefeitura Municipal de Porto Alegre, Secretaria Municipal da Cultura, 2000, pp. 187-188.
25. R. Schwarz, *Ao Vencedor as Batatas*, p. 120.

humilhação e vexame, mas também o reconhecimento de sua liberdade, ainda que precária.

Com efeito, o favor inclui um momento de reconhecimento recíproco, assegurando a ambas as partes que nenhuma é escrava (o trabalho manual, ao contrário, aproximava o trabalhador do escravo): "Mesmo o mais miserável dos favorecidos via reconhecida nele, no favor, a sua livre pessoa, o que transformava prestação e contraprestação, por modestas que fossem, numa cerimônia de superioridade social, valiosa em si mesma"[26]. Com o favor, institui-se uma espécie de confirmação mútua do estatuto de indivíduos livres, esconjurando-se a escravidão, de que os proprietários eram beneficiários, e também, indiretamente, os dependentes, que tiravam proveito da riqueza deles. Assim, o pobre, que em sua infracidadania assemelha-se ao escravo, só alcançava o reconhecimento de sua liberdade na relação de favor, isto é, na submissão à dependência. Daí a subserviência, a conivência ou a acomodação que acompanham a obtenção do favor: este implica sempre algum custo moral para o pobre, que pode elaborá-lo de diversas maneiras, mas sem poder escapar-lhe. Desse modo, no sistema de dominação pessoal e na prática de diferentes tipos de clientelismo reconhecia-se a pessoa do dependente ao mesmo tempo em que esse estatuto lhe era negado, restringindo suas possibilidades de existência autônoma.

Embora estejam presentes como referência para o narrador, os valores postulados pela civilização burguesa têm peso secundário para os personagens das *Memórias*. Na falta de referência ao ideal prestigioso, sobretudo no âmbito dos pobres, para quem as ideias "adiantadas" têm pouca funcionalidade, não há muito lugar para os conflitos morais ligados à contradição entre paternalismo e mercado (os quais seriam explorados pelo primeiro Machado de Assis). Resta, no entanto, em estado por assim dizer mais puro, o jogo de satisfações imaginárias que acompanham as relações interpessoais de caráter rixoso.

26. R. Schwarz, *Ao Vencedor as Batatas*, pp. 18-19.

Nas *Memórias*, a permanente situação de inferioridade econômica tende a ser elaborada de modo a propiciar também satisfações ligadas ao sentimento de superioridade por meio da identificação com os poderosos. Se o proprietário encontra satisfações infinitas na confirmação sempre renovada de seu poder ilimitado, podem ocorrer também satisfações correlatas da parte do próprio favorecido, desde que o caráter humilhante da dependência seja devidamente recalcado. Como se sabe, esse comportamento foi examinado por Machado de Assis e explicado por Roberto Schwarz:

Os subalternos encontrarão satisfações várias à sombra da satisfação de seus protetores, e também na identificação com ela, o que aos olhos de nossos pressupostos individualistas, que na matéria são ingênuos, é o cúmulo. O leitor recorde o criado de Brás Cubas, que gostava de aparecer à janela do palacete de seu patrão, para significar "que não é criado de *qualquer*". Eis um sentimento diferente e não-individualista da liberdade, a qual, para quem não tem meios de praticar arbitrariedades em grande escala e por conta própria, consiste em andar de carona na arbitrariedade alheia. Liberdade enquanto participação na arbitrariedade[27].

No *Sargento de Milícias*, o sentimento de superioridade liga-se principalmente aos trunfos do espírito rixoso, em cuja base está o desejo de afirmação da própria superioridade. Esta é alcançada por meio da humilhação dos outros, que é acompanhada da satisfação daquele que logra sobrepor-se, ainda que apenas temporariamente. O essencial nesse comportamento é que a autoafirmação implica sempre uma espécie de "estrutura de gangorra", em que se consegue obter a confirmação da própria superioridade somente com o rebaixamento de outros. Não se trata de afirmar a posição em seus próprios termos e independentemente da situação dos demais; trata-se justamente de

---

27. R. Schwarz, *Ao Vencedor as Batatas*, p. 137. O trecho remete a Machado de Assis, *Memórias Póstumas de Brás Cubas*, cap. CLVI

humilhar os outros com a finalidade de colocar-se numa posição de superioridade em relação a eles.

No favor ou na rivalidade, há uma valorização extremada das aparências, que ganham importância decisiva nas relações interpessoais do mundo escravista-clientelista. Assim é que a supervalorização de objetos externos, como as roupas dos meirinhos ou dos granadeiros, e mesmo a relação com um poderoso, propicia ao pobre certo abuso e algum deleite, desde que exposta como espetáculo para provocar a inveja dos outros.

Observe-se o que se passa com os granadeiros. Embora ser soldado não fosse uma boa posição sob nenhum aspecto ("ser soldado era naquele tempo, e ainda hoje talvez, a pior coisa que podia suceder a um homem" [p. 282]), ela permite aos granadeiros beneficiarem-se do poder da instituição policial, deixando-se contaminar pelo autoritarismo de seu representante maior. O próprio Leonardo, uma vez recrutado (à força) e tornado granadeiro, vale-se da posição para vingar-se do toma-largura (p. 299); além disso, ainda aprecia o susto que causa nos próprios familiares ao aparecer na festa de batizado da irmã com os trajes do ofício (p. 309).

Mas ocorre também o inverso: quando Leonardo escapa do major, que tenta prendê-lo, os granadeiros não deixam de sentir satisfação em ver Vidigal desapontado:

> O major tinha razão: riam-se com efeito dele; e os primeiros que o faziam eram os granadeiros. Apesar de que, escravos da disciplina, empregavam os mais sinceros esforços para coadjuvá-lo; e apesar também de que revertia para eles alguma glória das façanhas do major, não puderam entretanto deixar de achar graça no que acabava de suceder, pois conheciam a presunção do Vidigal, e repararam na cara desapontada com que ele havia ficado (pp. 277-278).

Os soldados eram em geral recrutados à força, e os casos de deserção não eram raros; nesse sentido, os granadeiros eram de fato "escravos da disciplina", obrigados a se submeterem à lei e à hierarquia militar. Mas, nesse jogo de mando e obediência, há satisfação dos soldados decorrente desse estado de servidão à autoridade: por meio da submissão, participam das glórias do major, num instante de identificação que se sobrepõe à divergência de interesses. Tomando parte nas arbitrariedades de Vidigal, eles colocam-se em posição de superioridade em relação ao comum das pessoas. Ao mesmo tempo, o fracasso do superior, que desmente as presunções do poderoso, os leva a rir dele, identificando-se, desta vez, com o malandro que engana o major.

Note-se aqui o funcionamento do mecanismo psíquico que nos interessa: embora a glória do major reverta também para eles, o fracasso do chefe não é motivo de vexame para os granadeiros, como se eles próprios não tivessem sido logrados por Leonardo quando este escapa, "dando um encontrão no granadeiro que estava perto dele" (p. 274). Guiado pelas compensações imaginárias, o movimento dos granadeiros é feito de inconstância e contrastes: empregam "sinceros esforços" para fazerem jus à glória emprestada; e riem da presunção frustrada do major para compensar a posição de inferioridade a que não escapam na prática. Assim, a lealdade só existe conforme a conveniência, e a relação do subalterno com o superior é marcada por identificações e desidentificações, governadas pela compensação imaginária.

Com a inexistência das garantias liberais, paira a constante ameaça da contestação dos atributos da pessoa, os quais se apoiam em bases precárias, e os personagens sentem a necessidade de reconfirmar continuamente a própria superioridade sobre os outros, seja nas relações de favor seja nos relacionamentos rixosos. Desse modo, no entanto, a afirmação do estatuto de indivíduos livres implica, não tanto a noção de igualdade – que se conjuga à de liberdade na ordem burguesa –, mas sim o seu reverso autoritário (o que acaba por explicitar a verdade da própria noção de igualdade burguesa, que oculta a desigualdade efetiva).

Isso explica a lógica das inúmeras reviravoltas que imprimem o movimento específico da narrativa. A certa altura, o próprio narrador comenta que "as simpatias que se criavam em uma hora de conversa transformavam-se em ódio num minuto de desavença" (p. 265). Mas aqui não se trata do mero recurso da reviravolta própria ao burlesco; através do quadro de clivagens sociais, de privação de direitos dos pobres, pode-se vislumbrar o sentido histórico da reversibilidade de amor e ódio, afeição e desavença, simpatia e antipatia etc. – que caracteriza a transformação final do major Vidigal, que passa de antagonista a benfeitor de Leonardo.

GUERRA CIVIL DO TRABALHO[28]

O antagonismo básico instalado no mundo social das *Memórias* é o que se manifesta, no início da narrativa, como embate entre os homens livres pobres e a repressão policial. No entanto, como já assinalamos, os conflitos ao longo do romance não se articulam unicamente em torno da diferença de classe, e nem sequer a divergência de interesses chega a definir-se de maneira ampla, pois a única representante da classe proprietária é D. Maria. Embora ocorram inúmeros confrontos entre Vidigal e os vadios, há também muitos conflitos envolvendo os próprios despossuídos.

Também já vimos que, nesses conflitos, não é desprezível a importância das compensações imaginárias que acompanham as rixas. Na sociedade figurada no romance (e no Brasil oitocentista), a inserção social dos personagens não é somente um fato objetivo, definido pela propriedade e pelo estatuto civil, mas também, simultaneamente, um fato imaginário, em que a rede das relações pessoais com os poderosos é determinante para o estabelecimento da posição da pessoa no meio social em que transita. Daí a importância extremada das aparências, posto que os signos exteriores e mais explicitamente visíveis de vínculos com proprietários ou instituições determinam o grau de respeitabilidade a ser atribuído a alguém.

---

28. A expressão é de Iná Camargo Costa.

A dimensão extramaterial envolvida no problema da inserção social dos personagens do romance tem correspondência no plano da realidade histórica. Os próprios escravos se discriminavam entre si, como que projetando em sua própria situação a hierarquia reinante entre seus donos. Segundo Mary C. Karasch, "os escravos elegantemente trajados de homens ricos e poderosos desprezavam os escravos malvestidos de donos sem poder". Além disso, nem mesmo o estatuto civil era suficiente para assegurar maior respeitabilidade, pois "os escravos pardos relacionados a famílias nobres tinham muitas vezes uma posição social mais alta que marinheiros brancos livres"[29]. Também Emília Viotti assinala que "a posição do senhor refletia-se na do escravo, e o negro que pertencia a um fazendeiro sentia-se superior ao que trabalhava para um modesto oficial, embora fosse talvez mais infeliz e mais do que o outro sujeito à rigorosa disciplina"[30].

Essas situações e atitudes mostram com clareza o funcionamento das fusões imaginárias, em que os subalternos parecem atuar como meras extensões daqueles a quem servem, sem agir como seres independentes. (Não ignoramos que também havia oposição mais direta, como mostram os casos de escravos que assassinavam seus donos, provocando um contínuo temor entre os proprietários; no entanto, para as questões suscitadas pelas *Memórias*, é importante destacar as identificações no plano imaginário.) Esse tipo de identificação com o poderoso, que ocorria entre os escravos, é tanto mais plausível para a situação dos homens livres, os quais, não sendo sujeitados pela força bruta, dependem diretamente das relações afetivas com o proprietário protetor.

Em grande medida, a inserção social desses homens livres é determinada pelos símbolos exteriores que indicam os vínculos

---

29. M. C. Karasch, *A Vida dos Escravos no Rio de Janeiro*, pp. 118 e 115. Sobre as distinções hierárquicas (e as disputas internas) no âmbito das irmandades religiosas compostas por negros, ver Marisa Soares, *Devotos da Cor: Identidade Étnica, Religiosidade e Escravidão no Rio de Janeiro, Século XVIII*, Rio de Janeiro, Civilização Brasileira, 2000. (Devo a indicação do livro de Soares a Milton Ohata.)

30. E. Viotti da Costa, *Da Monarquia à República*, p. 296.

com as instâncias de poder (reais ou não). A isso se liga a função das roupas do meirinho ou do uniforme dos soldados, assim como a ostentação dos enfeites das casas nos dias de procissão (ainda que, no plano da realidade histórica, o embelezamento das moradias em dias de festa decorresse de ordens oficiais). A exibição pública do triunfo em rivalidades e rusgas de esquina, ou qualquer outra manifestação do espírito rixoso que encontramos nas *Memórias*, segue essa mesma lógica da visibilidade, em que a dimensão imaginária tem peso decisivo no resultado efetivo dos relacionamentos, combinando-se à objetividade das posições reais.

É certo, no entanto, que os conflitos dos pobres entre si não se explicam simplesmente pelo desejo de reconhecimento, entendido como um fato antropológico básico. Os conflitos giram principalmente em torno de elementos simbólicos, mas nem por isso deixam de ter implicações materiais.

A disputa entre escravos, entre homens livres e escravos ou libertos, e mais tarde entre trabalhadores, está documentada pela historiografia. Convém notar, aqui, que também no plano da realidade histórica os conflitos cotidianos seguiam padrões que muitas vezes escapam aos esquemas mais previsíveis. Assim, estudando práticas de rebeldia escrava, Carlos Eugênio Líbano Soares nota que, na relação de presos feitos pela polícia entre 1810 e 1821, a maior parte de ocorrências de capoeira não se dava em rusgas entre escravos e policiais, como se poderia esperar, mas sim em conflitos entre os próprios negros, fossem escravos, forros ou livres[31].

A historiografia registra também inúmeros casos de disputas entre homens livres e escravos. Desde o início do século XIX, homens brancos pobres protestavam contra o treinamento de escravos em atividades especializadas. Com efeito, mestres artesãos que dispunham de alguns recursos preferiam comprar escravos e treiná-los no ofício a empregar aprendizes livres. Do mesmo modo, muitos senhores colocavam seus escravos no

31. C. E. L. Soares, *A Capoeira Escrava*, p. 85.

92 ERA NO TEMPO DO REI

aprendizado de um ofício, o que aumentava o valor do escravo e possibilitava maiores ganhos para seu proprietário. Essa circunstância fazia com que muitos homens brancos livres não conseguissem mais competir com os escravos de ganho na disputa por trabalho[32].

A partir do final da década de 1840, isto é, alguns anos antes de Manuel Antônio começar a escrever as *Memórias*, foi-se tornando cada vez mais visível a presença maciça de homens brancos (sobretudo ilhéus) disputando trabalho com escravos de ganho nas ruas do Rio de Janeiro. Essa situação acentuou-se depois da cessação do tráfico de escravos em 1850, mas já era uma realidade pelo menos desde meados da década de 1830, quando parte da frota negreira passou a ser utilizada para o transporte dos chamados "engajados" das ilhas portuguesas. De acordo com Luiz Felipe de Alencastro, nesse momento "a opinião brasileira começava a captar uma realidade social cujos termos eram até então antinômicos: a existência de europeus *pobres*, rebaixados ao nível dos escravos, exercendo atividades e personificando formas de decadência social que pareciam ser o apanágio de negros e mestiços". A visão cotidiana do europeu pobre abalava as noções vigentes sobre raça e condição social, pois contrariava as ideias correntes segundo as quais a imigração de europeus brancos, diferentemente da escravidão negra, contribuiria para o avanço civilizatório do país[33].

Talvez se possa acrescentar que essas informações ajudam a explicar uma constatação de outro historiador que notou um aumento, por volta de 1850, da presença da população imigran-

32. Ver M. C. Karasch, *A Vida dos Escravos no Rio de Janeiro*, p. 276; e L. M. Algranti, *O Feitor Ausente*, Petrópolis, Vozes, 1988, p. 91.

33. L. F. de Alencastro, "Proletários e Escravos", p. 50. Note-se de passagem que, como o serviço da venda de porta em porta era dominado por escravos desde o período joanino, a atividade parecia indissociável dos escravos de ganho; tanto assim que, mais tarde, quando os imigrantes pobres procuraram trabalhar como vendedores ambulantes, chegou-se à situação esdrúxula em que os estrangeiros brancos requisitaram, e conseguiram obter, licença municipal para trabalhar como "negros de ganho" (M. C. Karasch, *A Vida dos Escravos no Rio de Janeiro*, pp. 284 e 477).

te, em grande parte miserável, nos informes policiais[34], o que talvez não se explique apenas pelo aumento demográfico. Precisamente nesse período, em que há um acirramento na disputa por trabalho envolvendo imigrantes pobres e escravos de ganho, verifica-se uma ampliação no número de rusgas urbanas com participação de imigrantes brancos.

Essa competição pelo trabalho na sociedade escravista explicita o fundamento material das disputas pelo prestígio, que predominam na narrativa das *Memórias*, e nesse sentido ajudam a entender suas determinações sociais reais (pois a disposição para a rivalidade não é mostrada no romance como uma qualidade inerente ao homem; é vista antes sobre o fundo do sistema de relações específico àquela sociedade). Uma vez que o prestígio influi decisivamente nas condições econômico-sociais da existência, a luta pelo poder simbólico e a dimensão imaginária que governa as autossatisfações também podem ser entendidos num quadro materialista.

É essa lógica explicitada nas disputas pelos meios materiais para a reprodução da própria existência que reaparece nos conflitos figurados nas *Memórias*. Sem tratar diretamente das questões relacionadas com o trabalho no Brasil escravista, Manuel Antônio apreendia, em sua narrativa, a lógica profunda dos relacionamentos rixosos que se manifestavam no cotidiano.

Nas *Memórias*, em que o problema do trabalho não chega a comparecer no plano da representação, o que se encontra é a figuração da dinâmica das rixas, que parecem reproduzir-se a si mesmas, indicando algo como a sua autonomização[35]. O automovimento das rixas, que governa as relações entre os personagens, aparece como algo despregado de seus fundamentos sociais, captando na forma literária a lógica rixenta que é um resultado da organização social baseada no sistema escravista-clientelista (mas que persiste historicamente para além da abolição da escravatura).

---

34. C. E. L. Soares, *A Capoeira Escrava*, p. 513.
35. A ideia de autonomização das rixas foi sugerida por Paulo Arantes.

Para apontar a tenacidade histórica das rixas, cabe mencionar o estudo de Sidney Chalhoub[36], que documenta, no plano da realidade social, a persistência do padrão rixoso de comportamento que estamos analisando no plano da elaboração ficcional. De acordo com o historiador, relacionamentos que envolvem disputas, provocações e insultos, culminando em desfecho violento com a morte de um dos contendores, continuaram a ter vigência entre trabalhadores assalariados no Rio de Janeiro do início do século XX, num momento histórico em que estava em curso a redefinição das relações de trabalho no Brasil. Na documentação mobilizada por Chalhoub (sobretudo processos criminais), são raros os conflitos diretos entre patrão e empregado; na maior parte, os conflitos com desenlace violento envolvem os próprios empregados, ou ainda empregados e desempregados. Não é preciso sublinhar aqui o fundo material desses conflitos, diretamente relacionados com a necessidade de garantir os meios de reprodução da própria existência.

Por fim, convém notar que, embora Chalhoub procure distanciar-se da interpretação de Maria Sylvia de Carvalho Franco a respeito dos crimes entre caipiras na segunda metade do século XIX, os dados levantados por ele reforçam as questões básicas que procuramos indicar a partir de *Homens Livres na Ordem Escravocrata*. Assim, o historiador argumenta que o desfecho violento não é súbito ou imprevisível nem ocasionado por motivo frívolo, mas sim resultado de uma situação de tensão prolongada no tempo, ao longo do qual os contendores rivalizam trocando injúrias e provocações. Contudo, não deixa de ser significativo que, embora retardado, o desfecho violento não é de todo evitado (e isso evidencia que, mesmo que as agressões sejam transpostas para o plano simbólico, como aliás é a regra nas *Memórias*, não se dissipa o teor propriamente brutal da rixa). Também é significativo que os desfechos violentos se deem (com muita frequência) justamente no botequim; ainda

---

36. S. Chalhoub, *Trabalho, Lar e Botequim*, São Paulo, Brasiliense, 1986. Ver também G. S. Ribeiro, *Mata Galegos*, São Paulo, Brasiliense, 1990.

que o historiador não explore esse aspecto, parece plausível que tenha importância a visibilidade pública da contenda, pois também aí a inserção social da pessoa é determinada por uma combinatória de posição "objetiva", ligada mais diretamente aos meios materiais de sobrevivência, e posição "imaginária", cujas implicações materiais são indiretas (e por isso mais difíceis de discernir). É essa dimensão imaginária envolvida nas rixas que predomina nos relacionamentos figurados nas *Memórias*, revelando-se em sua especificidade.

4

Peculiaridades e Implicações Formais

CONFIGURAÇÃO DA SUBJETIVIDADE

Para um ponto de vista histórico, as formas de consciência dos homens e seus mecanismos psicológicos não são atemporais nem idênticos em todos os lugares, mas sim determinados historicamente. É no processo social efetivo, e não em uma suposta imutabilidade essencial da alma humana, que se encontram as determinações gerais da estrutura da subjetividade. Nesse sentido elementar, pode-se dizer que, nas formações sociais cujo desenvolvimento não segue o padrão definido pela civilização burguesa, também a organização subjetiva tende a apresentar características próprias, distanciando-se do modelo "universal" do sujeito moderno. As consequências estéticas dessas particularidades são amplas[1],

---

1. Apenas para indicar o interesse dessas implicações, caberia lembrar a seguinte observação de Adorno: "na Rússia pré-burguesa, a categoria do sujeito não estava tão afirmada como nos países ocidentais. O elemento heterogêneo, especialmente em Dostoiévski, surge da não-identidade do eu consigo mesmo: nenhum dos irmãos Karamázov é um 'caráter'" (*Filosofia da Nova Música*, trad. Magda França, São Paulo, Perspectiva, 1989, p. 115n; ver também

e por isso vale a pena examinar a questão, ainda que de maneira breve, observando de que modo as *Memórias* formalizam algumas peculiaridades da configuração da subjetividade no Brasil. Como se sabe, o sujeito na acepção moderna, dotado de autonomia individual e de consciência racional e realista, emerge no longo processo de consolidação da ordem burguesa, em que a troca mercantil se erige como o nexo fundamental que molda a sociedade no conjunto. O aparecimento do sujeito burguês liga-se, em última instância, ao estabelecimento do mercado de trabalho livre: a generalização da noção moderna de subjetividade pressupõe a dissolução das antigas formas de dominação direta, assim como pressupõe a mercantilização da força de trabalho humana e a interação dos indivíduos enquanto unidades econômico-jurídicas no interior de um sistema de equivalências.

Balizando o sujeito moderno estão alguns valores "universais" da civilização burguesa, como liberdade e igualdade, cujo modelo encontra-se na troca de mercadorias: na sociedade capitalista, a relação entre as pessoas não é – ou melhor, não aparece como sendo – a de dominação e servidão, como ocorria em formações sociais anteriores; ao contrário, ela se apresenta como contrato entre pessoas livres. Encontrando-se no mercado, os homens concebem-se a si mesmos como indivíduos livres e iguais perante a lei; enquanto possuidores de mercadorias, eles reconhecem, um no outro, o estatuto de proprietários privados e de pessoas independentes. Desembaraçados das an-

---

F. Jameson, *Marxism and Form*, Princeton, Princeton University Press, 1974, p. 33). Também no Brasil oitocentista ocorria algo semelhante no plano da afirmação do sujeito, destoando do modelo burguês. Em seus estudos sobre o romance machadiano, R. Schwarz explora inúmeras consequências formais do problema, além de apontar a convergência com o caso russo (*Ao Vencedor as Batatas*, pp. 23-24). Vista desse ângulo, a análise literária de Schwarz efetua também uma historicização profunda do conceito de sujeito. Algumas observações sobre o assunto encontram-se em Sérvulo Augusto Figueira, "Machado de Assis, Roberto Schwarz: Psicanalistas Brasileiros?", em *Nos Bastidores da Psicanálise*, Rio de Janeiro, Imago, 1991, pp. 181-186; ver também Tales Ab'Sáber, "Dois Mestres: Crítica e Psicanálise em Machado de Assis e Roberto Schwarz", em Maria Elisa Cevasco & Milton Ohata (orgs.), *Um Crítico na Periferia do Capitalismo: A Obra de Roberto Schwarz*, São Paulo, Companhia das Letras, 2007, pp. 267-289.

tigas relações hierárquicas outrora consideradas "naturais", eles aparecem agora como homens desprovidos de qualquer aura mística, e que só interessam um ao outro na medida em que são proprietários de mercadorias capazes de satisfazer alguma de suas necessidades. Em sua autorrepresentação, isto é, na ideologia liberal, eles veem a si mesmos como indivíduos autônomos, acreditando firmemente que são determinados somente por seus próprios interesses egoístas (e que, ao buscar seus próprios interesses, acabam realizando também o interesse geral). No entanto, essa liberdade aparentemente absoluta não é senão a submissão mais completa do homem ao mercado e sua lógica[2].

Atrelada ao cálculo racional, a individuação alinha-se com a tendência à emancipação do homem, mas ela é também, na expressão de Adorno e Horkheimer, um resultado dos mecanismos dos quais é preciso emancipar a humanidade. O sujeito burguês, independente, autônomo e racional tem sua origem no mesmo processo que produziu o fenômeno da reificação. Ao mesmo tempo em que a individualidade se afirmava ao longo do processo em que o homem se libertou do jugo da natureza e do mito, instaurando uma sociedade secularizada e racionalizada, foram-se criando novas formas de dominação, à medida que as relações produtivas deixavam de ser transparentes: "Com a difusão da economia mercantil burguesa, o horizonte sombrio do mito é aclarado pelo sol da razão calculadora, sob cujos raios gelados amadurece a sementeira da nova barbárie"[3].

Esquematicamente, teríamos duas formas básicas de relações, em tese incompatíveis entre si. Os relacionamentos modernos, que predominam nas sociedades capitalistas, aparecem

---

2. Um ponto de partida útil sobre essas questões encontra-se em K. Marx, *Grundrisse*, Harmondsworth, Penguin, 1993, pp. 496, 649-652. Ver também S. Žižek, "How Did Marx Invent the Symptom?", em *The Sublime Object of Ideology*, London, Verso, 1999, pp. 11-53

3. Th. W. Adorno & M. Horkheimer, *Dialética do Esclarecimento*, p. 43; ver também p. 225. Note-se que a dimensão destrutiva do processo não decorre simplesmente da racionalização do mundo, mas da irracionalidade com que essa racionalização atua (ver *Temas Básicos da Sociologia*, São Paulo, Cultrix, 1973, p. 98).

como contrato entre iguais, com base na generalização da troca mercantil e da ideologia liberal que a acompanha. Já nas formações sociais mais antigas, as inter-relações entre os homens baseiam-se na dominação e na submissão, e são essas relações que o ideário avançado pretende abolir. Na sociedade moderna, ocorre uma espécie de deslocamento, em que a dominação não se mostra enquanto tal: devido à complexidade crescente da organização social, as relações de produção ficam ocultadas, e a desigualdade efetiva aparece sob a forma de seu contrário, ou seja, como uma igualdade formal extensiva a todos sem distinção. (Ao mesmo tempo, e sem deixar de ser mentirosa, a ideologia é também um efeito da tendência civilizadora, pois vincula-se à substituição da sujeição brutal pela integração das pessoas no processo social por meio de ideias e valores, ainda que ilusórios[4].)

No Brasil, que fez a sua independência em grande parte inspirado no ideário liberal, mas apoiado materialmente no escravismo e visando à manutenção de práticas sociais que aquele ideário combatia, a elite proprietária buscou ingressar na modernidade mediante a reprodução do caráter "arcaico" da produção e das relações a ela ligadas. Com sua posição periférica na ordem econômica mundial, que combinava modernidade e atraso, o país nascia sob o signo da dualidade; e a isso correspondia, no plano da vida corriqueira, uma sobreposição ou coexistência de relações contraditórias e em princípio incompatíveis. A adoção do ideário moderno, que preconizava a independência do indivíduo, gerava efeitos peculiares: ao invés de abolir as práticas tradicionais baseadas na dependência pessoal, antes contribuía para a sua reprodução. Com a economia escravista inalterada, as possibilidades de desenvolvimento do trabalho livre encontravam-se reduzidas; consequentemente, faltavam as condições materiais que permitissem o desdobra-

---

4. Cf. R. Schwarz, "Cuidado com as Ideologias Alienígenas", em *O Pai de Família*, Rio de Janeiro, Paz e Terra, 1978, pp. 118-119.

mento da personalidade e a organização da subjetividade nos termos do modelo definido pela civilização burguesa[5].

Os efeitos nefastos dessa vigência simultânea de tendências contraditórias se nota com toda a clareza na situação dos homens livres pobres: embora livres, eles dependiam da proteção de um poderoso, sem maiores possibilidades de existência autônoma, o que torna problemática a noção de liberdade que os define. (Seu reverso especular é personificado pelo escravo de ganho, que, sendo escravo, trabalhava de maneira por assim dizer "independente", com a possibilidade, ainda que muitas vezes remota, de acumular pecúlio para comprar-se a si mesmo.)

Na relação clientelista, como já sugerimos, dependente e protetor se asseguram o estatuto de pessoas livres, distanciando-se, ambos, do escravo. Por contraste com a situação do escravo, pode-se perceber a tênue liberdade do dependente pobre, o qual, em regra, encontra-se enredado no jogo de mando e obediência que decorre da subordinação a um poderoso. Tal é a situação ambígua do pobre, que só confirma a sua liberdade por meio do estreitamento do laço de dependência que o prende ao protetor: "Faltando fundamento prático à autonomia do indivíduo sem meios [...] o valor da pessoa depende do reconhecimento arbitrário (e humilhante, em caso de vaivém) de algum proprietário"[6].

Ao mesmo tempo, a relação de favor muitas vezes instiga uma identificação do pobre com o poderoso de que depende;

---

5. "Burguês e escravocrata ao mesmo tempo, o Brasil dava forma mercantil aos bens materiais mas não desenvolvia o trabalho assalariado", o que fazia com que os homens livres pobres vivessem "um tipo particular de privação ou semiexclusão"; ou seja, "o movimento de europeização da sociedade coexistia sem trauma com a desqualificação colonial de uma parte de seus habitantes" (R. Schwarz, "A Viravolta Machadiana", pp. 22 e 24).

6. R. Schwarz, *Um Mestre na Periferia do Capitalismo*, p. 83. A situação mais extrema dos negros forros explicita o problema envolvido: negros libertos vivendo de maneira independente corriam o risco constante de serem considerados escravos fugidos e, assim, de serem reescravizados; por isso, encontravam maior segurança prestando serviços a algum proprietário que reconhecesse e garantisse o seu estatuto de libertos (cf. L. F. de Alencastro, *O Trato dos Viventes*, p. 345).

nem por isso, entretanto, a desigualdade hierárquica é suavizada. Diferentemente do que ocorre nas relações modernas, que se pautam na impessoalidade e implicam certa noção de igualdade (mesmo que apenas formal), a relação de favor, que se apoia na dimensão da afetividade pessoal, tende a aproximar o dependente do proprietário, mas *não o torna um igual*[7].

A identificação com o poder é motivada pela possibilidade de alcançar uma vivência vicária do sentimento de liberdade suscitado pelo exercício do arbítrio. Assim é que o protegido entra em conflito com outros que se encontram em posição social equivalente à sua própria; para isso, ampara-se no poder de seu protetor, agindo como se fosse uma extensão ou um prolongamento do poderoso (sem existência independente). É precisamente esse o sentido do espírito rixoso, que consiste em afirmar o próprio eu por meio do rebaixamento dos demais. A identificação com o poderoso, por estar apoiada numa base real de poder (a propriedade), explicita o fundamento das compensações imaginárias que acompanham o espírito rixoso; o essencial na rixa é que se reafirme alguma diferença hierárquica capaz de confirmar a própria superioridade (real ou imaginária) por meio da humilhação de outros.

A ilusão de liberdade assim obtida implica a reprodução contínua da desigualdade: entre seus semelhantes, o dependente buscará impor-se sobre os outros, marcando distinções. Longe de encontrar algum ponto de identificação com aqueles que estão em posição social equivalente, o homem livre pobre tende antes à desidentificação com a própria situação objetiva, procurando sobrepor sua pessoa a qualquer interesse comum.

Assim, na sociedade moldada pelo escravismo e pelo favor, o universo dos homens livres (pobres ou não) desconhece qualquer noção de igualdade. Com o domínio das relações de proteção e dependência, fica cancelada também a própria ilusão de

---

7. A ausência da noção de igualdade no universo dos homens livres foi assinalada por R. Schwarz, "A Poesia Envenenada de *D. Casmurro*", em *Duas Meninas*, São Paulo, Companhia das Letras, 1997, p. 21; "A Viravolta Machadiana", p. 22.

liberdade tal como propiciada pelo mercado. Em contrapartida, produz-se outro tipo de ilusão: a da compensação imaginária que acompanha os trunfos do espírito rixoso, ou seja, o gozo da "supremacia qualquer"[8]. Esse jogo de rivalidades apenas reforça o sistema de desigualdades, traduzindo-se concretamente em desmando e desrespeito pelo semelhante.

A tendência irrefreável para o rebaixamento dos outros, que marca a peculiaridade da definição do sujeito no universo das *Memórias*, decorre da organização social brasileira do tempo, a qual repõe incessantemente relações hierárquicas de desigualdade, num cruzamento do público e do privado, em que a deferência e a dependência tornam-se "características predominantes a serem publicamente demonstradas tanto no âmbito da família imediata quanto projetada fora dela"[9].

Uma vez que no mundo regido pelas práticas tradicionais inexistem os mecanismos institucionais propriamente políticos que permitam às pessoas existirem como cidadãos, os personagens só encontram o reconhecimento de suas pessoas expondo-se ao olhar público, de preferência nas suas relações com poderosos ou nos momentos de confirmação da própria superioridade obtida com a humilhação de outros. Não é por acaso, aliás, que no Brasil o termo "público" raramente teve sentido político, predominando antes o sentido de exibição em público, em que as pessoas se dão a ver como espetáculo[10].

Ao invés da autonomia moral própria ao mundo do individualismo econômico, o que se encontra é uma supervalorização das aparências e das opiniões alheias. Essa importância atribuída às aparências tinha correspondência no plano da realidade his-

---

8. Como se sabe, a expressão aparece em Machado de Assis, *Memórias Póstumas de Brás Cubas*, cap. XIII: em suas brincadeiras de criança, Quincas Borba "escolhia sempre um papel de rei, ministro, general, uma supremacia, qualquer que fosse". Para uma análise da questão, ver R. Schwarz, *Um Mestre na Periferia do Capitalismo*, pp. 30-31 e 63.

9. Ver R. Graham & S. L. Graham, "Expressões do eu no Império", *Folha de S. Paulo*, 11 de outubro de 1997, Jornal de Resenhas, p. 3.

10. Cf. E. Araújo, *O Teatro dos Vícios*, p. 26.

tórica, e talvez por isso já se associou o período joanino a certo predomínio de representações teatrais na vida cotidiana[11]. Esse jogo de aparências, que apresenta traços das encenações próprias ao Antigo Regime, persistirá como um elemento ativo da sociedade brasileira (após a Independência). Nas *Memórias*, parece haver poucos vestígios de densidade psicológica, e, quando estes se deixam entrever, concretizam-se em termos por assim dizer behavioristas: não há aprofundamento nem autorreflexão (como no romance psicológico moderno), mas ações externas que indiciam estados psicológicos (o que talvez explique a oscilação da crítica, que viu no romance desde a ausência completa de psicologia até o virtuosismo da observação psicológica). Devido a isso, as notações psicológicas como que dispensam a sondagem de móveis ocultos e inconfessáveis sob a aparência das ações (sondagem que é típica do romance realista); nas *Memórias*, as motivações não são propriamente ocultadas, embora tampouco sejam assumidas enquanto tais pelos personagens. Sem funcionarem como simples máscaras que ocultam interesses escusos segundo o decoro burguês, as aparências parecem ter significação em si mesmas, fornecendo o deleite das compensações imaginárias, além de terem consequências materiais reais.

O espírito rixoso que domina os relacionamentos interpessoais nas *Memórias* indica de maneira mais extrema uma inclinação geral da maioria dos personagens: uma ausência de interesse em renunciar à gratificação imediata. Nesse aspecto, sobressai no romance algo como a pouca contenção do impulso sexual, como se vê na cena da procissão dos Ourives (t. 1, cap. XVII), cuja grande afluência de devotos se explica pela presença do rancho das baianas; algo semelhante vale para a descrição do Oratório de Pedra (t. 2, cap. II), onde a reza em local público serve de ocasião para a fuga de namorados. O mestre de cerimônias, "refinado Sardanápalo", encarna a lubricidade ao manter uma relação amorosa, confirmando os hábitos predominantes entre seus companheiros de ofício. Tais aspectos eram comuns

---

11. Cf. J. Malerba, *A Corte no Exílio*, São Paulo, Companhia das Letras, 2000.

na sociedade do tempo[12], mas no romance não se limitam ao plano documental, sendo uma tendência mais ou menos geral entre os personagens. Maria da Hortaliça, a cigana, Vidinha e a moça do caldo, todas formidáveis namoradeiras, são caracterizadas pela inconstância amorosa; e, do mesmo modo, Pataca e Vidigal são descritos como "babões" (pp. 88, 322), e o próprio Leonardo terá relações amorosas com Vidinha e com a moça do caldo, além de Luisinha.

Tanto na sexualidade quanto na irrefreável inclinação para a desavença, os personagens parecem desconhecer qualquer possibilidade de adiamento da satisfação, vivendo principalmente dos prazeres e frustrações do momento. Essa tendência dos personagens à vivência imediatista, em busca da gratificação (sendo a maior delas a da "supremacia qualquer"), tem como contrapartida o reduzido senso de provisão ou previdência, como, por exemplo, a disposição para a poupança – que, sendo uma das manifestações corriqueiras da "ascese intramundana" (Weber), articula-se à ética do trabalho da sociedade burguesa. Tudo se passa como se, para os personagens das *Memórias*, inexistisse a categoria do futuro.

A renúncia pulsional é um pressuposto da organização da subjetividade nos termos estritamente burgueses, mas também isso depende de condições materiais favoráveis, não sendo uma inclinação natural, historicamente descomprometida[13]. Dessa perspectiva, a tendência dominante entre os personagens das *Memórias* é um afastamento do modelo, em grande medida de-

---

12. Sobre a sexualidade ligada às celebrações religiosas públicas, ver L. Mott, "Cotidiano e Vivência Religiosa: Entre a Capela e o Calundu", em *História da Vida Privada no Brasil*, vol. 1, pp. 161-162. Sobre o amancebamento de clérigos, ver G. Freyre, *Casa-grande e Senzala*, vol. 2, pp. 721-727; e M. B. Nizza da Silva, *Vida Privada e Quotidiano no Brasil na Época de D. Maria I e D. João VI*, Lisboa, Estampa, 1993, pp. 157-171.

13. "A individualidade pressupõe o sacrifício voluntário da satisfação imediata em nome da segurança, da manutenção material e espiritual da sua própria existência. Quando os caminhos para uma tal vida são bloqueados, há muito pouco incentivo a furtar-se aos prazeres momentâneos" (M. Horkheimer, *Eclipse da Razão*, Rio de Janeiro, Labor, 1976, p. 140).

terminado pelas peculiaridades da organização socioeconômica. Nas condições sociais brasileiras, marcadas fundamente por traços coloniais – que produziam um sentimento de insegurança e instabilidade sobretudo para a camada intermediária, a qual se mantém sob a permanente ameaça do desvalimento completo –, é compreensível que houvesse pouco estímulo para o adiamento voluntário da gratificação em vista de projetos que se desdobrassem no horizonte temporal. Assim, como já foi dito antes, as vinganças entre os personagens das *Memórias* se diferenciam, na raiz, do aproveitamento romântico desse tema no folhetim europeu, em que o elemento pré-capitalista da vingança, que apela para a dimensão subterrânea da razão burguesa, acaba assumindo feição propriamente moderna, à maneira de um empreendimento vazado no planejamento racional do futuro. Contrariando o ditado famoso, nas *Memórias* a vingança não é um prato que se serve frio, mas um ato que se executa no calor da hora.

Outra questão ligada ao espírito rixoso é a ausência de remorso ou culpa, decorrente da falta de interiorização da lei, o que levou Antonio Candido a caracterizar o universo ficcional das *Memórias* como um "mundo sem culpa", onde "o remorso não existe", e "a repressão moral só pode existir [...] fora das consciências"[14]. Isso indica mais um aspecto que destoa do padrão burguês. Embora esse traço dos personagens possa parecer um simples efeito técnico da construção de personagens planos, com poucos elementos da interioridade e da dimensão psicológica, esse modo de representação já sinaliza características que, destoando das tendências mais típicas do romance burguês, apontam para a peculiaridade da matéria social brasileira a que a narrativa dá figuração.

Não é somente no plano temático que se manifesta a discrepância da organização subjetiva em relação ao modelo burguês. É sobretudo nas implicações propriamente formais que a ligação entre a peculiaridade do sujeito e os efeitos estéticos se mostram em seus aspectos mais significativos.

---

14. A. Candido, "Dialética da Malandragem", pp. 48-49.

PROBLEMAS DO REALISMO

Mesmo quando tem como meta a obtenção do favor do poderoso, a malandragem não se confunde com a adulação (*flatterie*)[15]; esta vincula-se à doutrina da civilidade, que preconiza a renúncia pulsional, conjugada ao uso de uma capa de "honestidade". É certo que também na adulação havia uma dimensão agressiva, de modo que nela ressurgia uma violência que todo o esforço da doutrina da civilidade consistia em reprimir. Mas ali os homens lutam entre si sob as aparências da cortesia, ao passo que na malandragem, cuja dimensão rixosa já examinamos, a agressão é aberta, sem articular-se a qualquer norma de civilidade que lhe sirva de cobertura.

Apenas para dar o contraste, notemos que, no mundo das *Memórias*, a adulação propriamente dita é de pouca serventia. Ela não encontra condições favoráveis para seu florescimento, porque pressupõe um ambiente mais impregnado por códigos de conduta e por regras de boas maneiras (e isso não obstante a divulgação de manuais que ensinavam o "código do bom-tom"). A adulação é usada apenas por D. Maria, que, aproveitando-se da vaidade presunçosa de Vidigal, diz: "Ora, a lei... o que é a lei, se o Sr. major quiser?..." (p. 324); mas com isso ela apenas enaltece o arbítrio e o autoritarismo do major. De modo geral, a estratégia mais comumente empregada (por José Manuel, por exemplo) é o avesso da adulação: enquanto esta visa ao engrandecimento do adulado, a maledicência e a chacota concentram-se no rebaixamento e na humilhação dos demais. Em outras palavras, o fundo agressivo, que permanece encoberto na adulação, fica escancarado nas expressões da rixa. (Como diz Roberto Schwarz, em sentido desagradável, no Brasil há menos ideologia e mais verdade[16].)

---

15. Ver, a respeito do tema, J. Starobinski, "Sobre a Adulação", em *As Máscaras da Civilização*, trad. Maria Lúcia Machado, São Paulo, Companhia das Letras, 2001, pp. 57-85.

16. R. Schwarz, "Cuidado com as Ideologias Alienígenas", em *O Pai de Família*, p. 119.

Com seu caráter abertamente violento, o espírito rixoso dá vazão ao esquema pré-burguês da vingança, fundado na força bruta, e por isso mesmo contrário aos princípios da civilização moderna. A organização social brasileira, em que a pressão da lei é inefetiva, parece ser atravessada também em sua franja "civilizada" por aquilo que é levado ao extremo no universo do jaguncismo (como notou Antonio Candido); nesse sentido, é uma organização social que favorece a disseminação de rixas vingativas que se multiplicam incessantemente.

Apresentando essa dimensão explicitamente agressiva, o espírito rixoso associa-se a energias que a civilização burguesa pretende refrear. Ele participa dos movimentos mais impulsivos e por assim dizer "irracionais", que são sufocados pelo padrão de conduta civilizada, e que no entanto permanecem presentes em latência, subterraneamente (daí talvez o apelo do tema pré-moderno da vingança, por exemplo, mesmo no romance moderno). Nesse sentido, pode-se dizer, aproveitando uma expressão de Schwarz, que o espírito rixoso pertence ao "subsolo conflitivo da razão burguesa".

A atitude vinculada ao espírito rixoso é, assim, contrária à sobriedade do realismo baseado na racionalidade burguesa. O estilo realista, próprio ao romance europeu oitocentista, corresponde ao "*ethos* sóbrio, constante, contido, sério do capitalismo racional-burocrático". O estilo realista sério é um resultado, no plano da elaboração literária, de uma expansão das transformações ocorridas no âmbito econômico-burocrático para o conjunto da vida: uma espécie de "*honestidade comercial* extensiva a todo o resto da existência", que se traduz na "ordem e clareza" das descrições do cotidiano burguês[17].

Deixando para trás a narração de fatos inauditos, que compunham a matéria preferencial da novela romanesca pré-burguesa, o romance realista volta-se cada vez mais para a normalidade do cotidiano e passa a introduzir na narrativa descrições maciças da

---

17. F. Moretti, "O Século Sério", *Novos Estudos CEBRAP*, São Paulo, n. 65, março de 2003, pp. 17 e 20.

vida comum e corriqueira (na opinião de Moretti, esses elementos descritivos, ou "enchimentos" como ele os chama, são a única invenção verdadeira do romance burguês). Com o domínio do realismo sério – modo de figuração mais avançado do tempo –, o romance se dirige para a representação da existência contingente, valendo-se de um estilo sério, analítico-impessoal.

Acrescente-se, de passagem, que esse processo de racionalização e desencantamento, cuja dimensão contraditória talvez não seja suficientemente assinalada por Moretti, envolve também o aprofundamento da divisão social do trabalho e dos efeitos da reificação. Por isso, Adorno dirá que o estilo realista, com seu apego ao detalhe e ao pormenor, é também um resultado da perda da realidade; isto é, o predomínio do realismo corresponde também à intensificação da opacidade das relações sociais, agora não mais diretamente apreensíveis[18].

De qualquer modo, vale lembrar ainda uma analogia de Moretti, que associa o estilo realista ao princípio de realidade. Anunciando uma nova sensibilidade moral, esses aspectos implicam a obrigação de *"olhar de frente os fatos*: todos os fatos, inclusive os desagradáveis" (p. 19). O modelo, aqui, é Robinson Crusoé, que mantém uma espécie de contabilidade da própria vida, pontuada pelo autoexame de cunho protestante. De acordo com a atitude realista, tudo deve ser examinado sem ira nem parcialidade.

Nesse mundo da civilidade burguesa, passa a vigorar como norma ideal uma atitude perante a vida pautada na regularidade imposta pelo dever, por aquilo que deve ser feito sem consideração pelo prazer ou desprazer: "o domínio da ordem sobre os estados de ânimo, do duradouro sobre o momentâneo"[19]. Essa racionalização da existência envolve a repressão dos impulsos, a contenção de todos os elementos "irracionais" e puramente

---

18. Cf. Th. W. Adorno, "Reading Balzac", em *Notes to Literature*, vol. 1, New York, Columbia University Press, 1991.

19. G. Lukács, "El espíritu burgués y *l'art pour l'art*", em *El Alma y las Formas*, trad. Manuel Sacristán, Barcelona, Grijalbo, 1975, p. 102. A frase é citada por F. Moretti, "O Século Sério", p. 16.

afetivos: "O desejo frustrado não explode em fúria irracional; o desejo consumado não se esvai em preguiça satisfeita"[20].

Como já procuramos indicar, no universo das *Memórias* essa renúncia pulsional não se realiza com a mesma intensidade. Resumindo, a modalidade de sujeito que a narrativa das *Memórias* põe em cena destoa do modelo burguês, o qual é um dos alicerces do realismo sério e da própria forma romance (que atinge o apogeu justamente no século XIX). O que se encontra nas *Memórias* é a incessante discrepância em relação ao padrão moderno, em que os personagens, pouco propensos à contenção dos impulsos, ao cálculo racional, ao adiamento das gratificações, à ética do trabalho etc., acabam parecendo excêntricos ou amalucados em comparação. Nessa medida, pode-se dizer que o triunfo do espírito rixoso implica forçosamente a derrota da subjetividade no sentido rigoroso, definido pela civilização burguesa[21].

Já vimos que o andamento do enredo das *Memórias*, muito marcado por reviravoltas, não se explica somente pelas convenções narrativas legadas pela tradição (isto é, os modelos do romance de aventuras em sentido amplo, da picaresca ou da crônica de costumes); é antes um resultado formal decorrente do próprio material histórico, em que o espírito rixoso é o principal elemento propulsor da ação. Governado pelo imediatismo das motivações e restrito aos limites do universo acanhado do clientelismo e dos pequenos expedientes, o enredo configura-se como uma sequência de episódios.

No tocante aos recursos narrativos, as *Memórias* apresentam uma espécie de "arcaísmo da técnica"[22], pois a estrutura episódica, própria à picaresca espanhola e a outras modalidades de narrativa pré-burguesa, tenderia a ser substituída pelo princípio dramático de construção, que passava a dominar o romance na

---

20. F. Moretti, "O Século Sério", p. 21.
21. Adapto, aqui, uma formulação de R. Schwarz, *Um Mestre na Periferia do Capitalismo*, p. 52.
22. Expressão de Antonio Candido, usada para caracterizar a narrativa machadiana; cf. "Esquema de Machado de Assis", em *Vários Escritos*, p. 22.

época de seu apogeu (Balzac, que considerava fatigante a estrutura do *Gil Blas*, preconizou a condensação dramática do enredo e contribuiu decisivamente para torná-la paradigmática)[23]. No momento histórico em que Manuel Antônio escrevia, a organização cumulativa de episódios parecia condenada (da perspectiva do desenvolvimento do romance burguês); daí o aspecto antiquado de sua técnica narrativa, que só continuaria a ser usada em romances folhetinescos[24].

O movimento determinado pelas rixas impõe um ritmo narrativo em tudo diverso daquele que domina o romance burguês do período. O tema da ascensão social, que eclode no desfecho das *Memórias*, parece convergir com uma linha de força do romance romântico-realista, em que o trajeto do protagonista se articula com o movimento de afirmação do indivíduo em seu confronto com o meio social. No entanto, o que se vê nas *Memórias*, com a trajetória mais ou menos errática de Leonardo, é, de certo modo, o avesso do percurso do *self-made man*: na formulação de Mário de Andrade, "Leonardo não é um homem que se faz por si, os outros é que o fazem por ele"[25]. Esse comentário indica de modo inequívoco a discrepância das *Memórias* em relação ao tratamento dado ao tema da ascensão social (sob a forma do arrivismo) no romance europeu do tempo. Se Leonardo consegue ascender, isso se deve menos à determinação

---

23. Sobre a "dramatização" do romance por Balzac, ver G. Lukács, *The Historical Novel* e *Ensaios sobre Literatura*. Também A. Hauser assinala o triunfo do princípio dramático sobre a estrutura cumulativa no romance (*História Social da Arte e da Literatura*, São Paulo, Martins Fontes, 1998, pp. 750-752).

24. No mundo desencantado da sociedade burguesa, estava solapado o fundamento da aventura em seu sentido original (cf. E. Auerbach, *Mimesis*, 2. ed., São Paulo, Perspectiva, 1987, pp. 117-118), que está na base da narrativa episódica. O princípio episódico de construção – herança da antiga épica e característica da novela romanesca pré-burguesa – deixou de ter sustentação na matéria histórico-social, que fora deslocada pela nova experiência burguesa; por isso, a tentativa de retomar o esquema episódico a partir do puramente formal (no moderno romance de aventuras) só pôde produzir resultado oposto ao almejado: "em lugar de uma grande épica, surgiu uma literatura de entretenimento" (G. Lukács, *A Teoria do Romance*, São Paulo, Duas Cidades/Ed. 34, 2000, p. 104).

25. M. de Andrade, "Memórias de um Sargento de Milícias", p. 135.

de sua própria vontade ou a algum plano racional do que ao acaso e, sobretudo, à proteção de outros. Sem possibilidades objetivas de tomar para si a tarefa de fazer seu próprio destino, ele parece contar sempre com algum tipo de paternalismo (assim as figuras de protetores se sucedem: o padrinho, a madrinha, a família de Vidinha, D. Maria e o próprio major Vidigal). Em lugar da autoafirmação individualista e da valorização do mérito pessoal, encontra-se aqui o acomodamento do herói a um permanente estado de tutela, posição que está nos antípodas do ideal moderno de independência.

Ainda que de maneira tênue, outro elemento que organiza o enredo é a linha biográfica do herói. Esse traço estruturador remete ao romance burguês (romântico-realista), que tendeu a organizar-se sob a forma biográfica. Essa relativa convergência se acentua na segunda parte das *Memórias*, pois ali a linha biográfica se torna mais nítida, sendo ressaltada pela curva imprimida pela relação amorosa do herói com Luisinha. Mas com esse fio biográfico coexiste, nas *Memórias*, a organização episódica, que, como já indicamos, não favorece a representação do percurso do indivíduo tal como no romance romântico-realista nucleado pelo projeto racional do empreendimento burguês.

Nesse sentido, parece haver nas *Memórias* uma espécie de coexistência de aspectos próprios a duas modalidades narrativas diversas, e até certo ponto incompatíveis entre si, pois os pressupostos de cada forma remetem a diferentes tipos de relações sociais. Ou seja, a forma das *Memórias* parece combinar alguns traços próprios à narrativa burguesa e outros próprios à narrativa pré-burguesa. Contaminada pelas reversibilidades de fortuna e desdita, a linha biográfica não se define no confronto da vontade do indivíduo, pautada no cálculo racional, com a lógica da sociedade capitalista, mas sim na conjunção de apetites momentâneos e reveses da Fortuna.

A própria organização do enredo relaciona-se com o grau de afirmação do sujeito, marcando a distância entre as *Memórias* e o modelo dominante nos países centrais. Esquematizando ao extremo, o enredo básico do romance romântico-realista se articula em torno do *projeto* de um indivíduo (como indicou Schwarz). A vontade do herói que, com iniciativa e pulso firme, procura realizar o seu desígnio apoiando-se no cálculo racional, mesmo que para isso tenha de contrapor-se à sociedade, é a mola fundamental desse tipo de enredo. Ali, tudo é guiado pela racionalidade definida pela relação entre os atos e a meta que o indivíduo almeja alcançar. A primazia está na finalidade consciente das ações, que imanta as peripécias da intriga, dando sentido ao percurso como um todo. Qualquer que seja o desfecho, ao longo do caminho a vigência implacável dos efeitos da troca mercantil, entre os quais o interesse racional e a instrumentalização dos indivíduos, faz o seu trabalho, jogando por terra as ilusões que amparavam a firmeza e a determinação do herói no início de sua jornada; assim é que o romance romântico-realista, acompanhando o trajeto biográfico do personagem, acaba por figurar as contradições da sociedade burguesa[26].

Bem diverso é o movimento governado pelo espírito rixoso: limitando-se a propósitos imediatistas, as ações do herói (ou de outros personagens) não têm desdobramentos ou consequências de ressonância mais ampla. Não é a atividade voltada para a realização do projeto racional que define o andamento das *Memórias*; o que imprime o ritmo narrativo é a alternância de situações exteriores à ação dos personagens. É o enquadramento da situação que altera o jogo de forças e reposiciona os termos da ação, fazendo-a mover-se. Isso explica a estrutura episódica das *Memórias*, a qual se configura como sequência de pequenos eventos ou atos voltados para objetivos momentâneos, correspondendo à dinâmica das rixas. Assim, a linha da ação resulta entrecortada, sendo marcada por infinitos recomeços.

Ausentes as condições materiais que sustentem projetos ou grandes ideais capazes de nortear a ação central, são os reenquadramentos operados pelas situações cambiantes que definem o direcionamento da linha principal do enredo. Ao passo que no romance realista sobrepaira o domínio da economia

---

26. Cf. R. Schwarz, *Ao Vencedor as Batatas*, pp. 140-141.

e das forças histórico-sociais, nas *Memórias* tudo parece ser comandado por noções pré-modernas como Fortuna e Providência. Em busca da sobrevivência cotidiana, os personagens seguem seus modestos percursos a esmo, e com isso parecem entregar seus destinos a alguma instância exterior, acidental e imprevisível.

A visão baseada na ideia de Fortuna aos poucos já vinha deixando de ter pregnância no mundo secularizado do capitalismo racional-burocrático; dessa perspectiva, seria uma noção irremediavelmente antiquada, que remete antes ao "capitalismo de aventura" (Weber), "desprovido de controles e de escrúpulos éticos, carismático, que confia descaradamente na sorte"[27]. Ao mesmo tempo, ela também faz parte do arcabouço ideológico próprio às narrativas romanescas pré-burguesas, em que tem papel significativo a atuação de uma força externa superior, incontrolável e que não é passível de cálculo: algo que ainda não é o senso da "mão invisível" (do mercado) ou da sobredeterminação social. A Fortuna, caprichosa e imprevisível, pode conceder a sorte grande e em seguida arrebatá-la, mas esses efeitos não se confundem com as noções modernas de "sucesso" e "fracasso", as quais só têm inteligibilidade no contexto do individualismo, próprio à sociedade capitalista burguesa, em que vigoram a crença na recompensa de acordo com o mérito e a ideologia do talento como alavanca para o êxito[28].

Nas *Memórias*, encontra-se a atuação de forças externas e incontroláveis. É o caso da "má sina" que a comadre atribui a Leonardo (pp. 235, 317), ou da "lei das compensações" (pp. 258, 299) com que o narrador procura explicar a vida do personagem, segundo um padrão infalível de alternância de boa e má sorte. Isso ocorre, por exemplo, nas constantes inversões da desdita

---

27. F. Moretti, "O Século Sério", p. 17. A referência básica é M. Weber, *A Ética Protestante e o Espírito do Capitalismo*, São Paulo, Companhia das Letras, 2004, parte I, cap. 2.

28. Inspiro-me em F. Jameson, "The Ideology of the Text", em *The Ideologies of Theory*, vol. 1, Minneapolis, University of Minnesota Press, 1988. Ver também Th. W. Adorno, "Reading Balzac", em *Notes to Literature*, vol. 1.

em fortuna, na transformação das desvantagens em vantagens, como no episódio do recrutamento de Leonardo: embora o recrutamento fosse uma punição para os vadios, e o personagem buscasse evitá-lo a todo custo, uma vez tornado soldado Leonardo procura beneficiar-se da situação, contrabandeando para si um pouco do poder da instituição policial.

Com isso, o narrador descreve a superfície dos acontecimentos, ou o movimento geral das reviravoltas; e, ao mesmo tempo, indica o modo pelo qual os personagens tomam consciência da dinâmica de suas vidas, num mundo em que a racionalização não se generalizou como nos países avançados.

Atendo-se a uma concepção limitada do andamento da vida, a narrativa das *Memórias* discrepa da tendência que se manifestava no romance burguês, destoando do realismo sério. É só na medida em que passa a incorporar o senso histórico moderno que se define o romance realista (em contraste com os quadros estáticos das modalidades narrativas anteriores, em que a sociedade não existia como problema histórico, mas apenas como problema moral). Apoiada na concepção de história como processo, a forma romance alcança a figuração da sociedade em toda a sua complexidade e problematicidade[29].

---

29. As ideias sobre o vínculo entre romance e História remontam a Hegel, para quem o caráter prosaico da historiografia não se deve somente ao modo como ela é escrita, mas também à natureza de seu conteúdo; o romance, forma que pressupõe uma realidade já ordenada em prosa, articula-se a uma ordem social determinada e também a uma nova concepção de história (*Cursos de Estética*, São Paulo, Edusp, 2004, vol. IV, pp. 37 e 137-138); ver também P. Arantes, "A Prosa da História", em *Hegel: A Ordem do Tempo*, São Paulo, Polis, 1981, pp. 147-167. A relação entre romance realista e senso histórico moderno é desenvolvida por G. Lukács, *The Historical Novel*, Lincoln, Nebraska University Press, 1983, cap. I; e "O Romance como Epopeia Burguesa", *Ensaios Ad Hominem*, n. 1, tomo II, São Paulo, 1999, pp. 87-117. De outro ângulo, E. Auerbach considera o "historismo" alemão da metade do século XVIII como um dos fundamentos do realismo moderno (*Mimesis*, p. 395). O desajuste da forma mais avançada para a figuração da sociedade periférica foi assinalado por R. Schwarz em vários pontos de sua obra; por exemplo: "Forma histórica entre todas [...], o romance pôde barrar até certo ponto, entre nós, a figuração literária do país"; isto é, o Realismo da tradição literária não só não alcançava, como dificultava a apreensão das particularidades brasileiras (ver *Ao Vencedor as Batatas*, p. 57).

A concepção de história que subjaz ao andamento do enredo das *Memórias*, com suas incessantes repetições e com o ritmo das reviravoltas ditado pela Fortuna, implica uma espécie de imobilismo, ligado ao incessante retorno do mesmo. À primeira vista, nada poderia ser mais inadequado para figurar o dinamismo histórico da sociedade. Mas, devido às condições da sociedade periférica, determinada por fatores transnacionais, é justamente por meio da concepção antiquada de Fortuna que o romance de Manuel Antônio conseguirá apreender a historicidade do dinamismo peculiar da sociedade brasileira, que repõe as clivagens internas em seus ciclos modernizadores.

HISTÓRIA E NACIONALISMO

Em grande parte, o Romantismo brasileiro coincide com o período em que ocorre a consolidação do Estado centralizador e monárquico (1840-1850)[30]. Nessa época, manifestavam-se o desejo de diferenciação do país em relação à ex-metrópole portuguesa e o anseio de afirmar o estatuto de nação moderna e civilizada, tendo como referência as potências europeias. Chegava ao ápice certa tendência da classe dominante no sentido de buscar, à maneira do que ocorre nas famílias, a afirmação de certa estirpe histórica capaz de dar lustro nobiliárquico à nação que se queria construir[31]. Daí a vontade de inventar um passado que já fosse nacional, com ênfase na particularidade do Brasil (valorizando

---

30. Ver J. M. de Carvalho, "Brasil: Nações Imaginadas", em *Pontos e Bordados*, Belo Horizonte, Ed. UFMG, 1998, p. 236.
31. A. Candido chama a isso de "tendência genealógica"; ver "Estrutura Literária e Função Histórica", em *Literatura e Sociedade*, 6. ed., São Paulo, Nacional, 1980, pp. 171-174; "Literatura e Subdesenvolvimento", em *A Educação pela Noite*, São Paulo, Ática, 1983, pp. 172-176. Ver também R. Schwarz, "Duas Notas sobre Machado de Assis", em *Que Horas São?*, p. 169. Schwarz nota ainda que, na ânsia de definição da identidade, os brasileiros gostam de contrapor-se aos portugueses, mas não ao passado colonial, uma atitude cujas razões ainda estão por examinar (cf. "Os Sete Fôlegos de um Livro", em *Sequências Brasileiras*, p. 49).

as relações tradicionais), ao mesmo tempo em que se buscava confirmar a integração do país no campo avançado do mundo (recalcando o atraso). Essa tendência contraditória, que vê o passado colonial como motivo tanto de orgulho quanto de vexame, é parte da tensão entre localismo e cosmopolitismo, e está presente no movimento de afirmação da identidade nacional, que se manifestou na literatura, na crítica e na historiografia[32].

Nesse movimento, definia-se uma concepção conservadora da História do país, em que se buscava produzir uma imagem do passado capaz de conferir legitimidade ao poder consolidado. Após o esmagamento e a repressão sistemática das revoltas que envolviam as camadas populares e agitaram o período regencial, firmou-se um Estado centralizador, cujo núcleo estava na Corte, o qual foi capaz de garantir a unidade do país devido ao papel de intermediário entre os interesses regionais dos proprietários rurais, que não queriam abrir mão do escravismo, e as pressões internacionais (britânicas) que exigiam a cessação do tráfico negreiro[33].

A visão conservadora, que teria longo curso no pensamento brasileiro, baseava-se numa continuidade não-problemática, em que a história da colônia é lida como algo desde o início destinado a desaguar na independência do Brasil[34]. O caráter mercantil da exploração da empresa colonial é ocultado, os conflitos são abafados, as tensões internas se esfumam, as feridas coloniais são disfarçadas, e tudo se harmoniza na continuidade progressiva rumo à integração não-problemática no mundo dito civilizado.

Esse modo de ver a história tomou corpo no Instituto Histórico e Geográfico Brasileiro (fundado em 1838), de que fizeram parte inúmeros intelectuais do período romântico, e marcou fundamente a obra de Varnhagen, que contribuiu para dissemi-

---

32. Sobre o papel da literatura na construção da nação, ver A. Candido, "Uma Literatura Empenhada", em *Formação da Literatura Brasileira*, vol. 1, pp. 26-28; "Literatura de Dois Gumes", em *A Educação pela Noite*, pp. 163-180.
33. Cf. L. F. de Alencastro, "O Fardo dos Bacharéis", p. 69.
34. Ver F. Novais, "Passagens para o Novo Mundo", p. 4.

ná-la[35]. No âmbito literário, ela se manifesta no critério nativista de avaliação crítica, que no extremo chegaria à supervalorização da presença de temas e paisagens locais. Sua expressão mais significativa, nesse campo, encontra-se na literatura fundacional empreendida por José de Alencar.

Apenas com intenção indicativa, pode-se lembrar o texto "Bênção Paterna", prefácio escrito por Alencar a *Sonhos d'Ouro*, datado de 1872. Procurando relacionar o conjunto de sua própria obra romanesca com etapas de evolução da história do país, o escritor apresenta uma perspectiva em que o processo de colonização é concebido como "gestação lenta do povo americano, que devia sair da estirpe lusa, para continuar no novo mundo as gloriosas tradições de seu progenitor". Assim, identificava-se a exploração colonial da América portuguesa a uma espécie de esboço da nação brasileira, numa trajetória de progresso contínuo, rumo à almejada civilização.

No tocante à escolha de assuntos, é significativo que, apesar da função patriótica atribuída à representação literária do passado, os escritores exploraram pouco o tema da independência do país, que não encontrou elaboração literária expressiva, embora no âmbito da historiografia oficial a emancipação política fosse tomada como marco da fundação da nação brasileira[36]. (Vale lembrar, contudo, que a imagem de D. Pedro I não se mostrava propícia para a heroificação nacional; na metade do século XIX, o 7 de abril de 1831, data da abdicação, costumava ser visto por alguns como o verdadeiro marco histórico que completava o processo iniciado em 1822.)

---

35. Ver C. G. Mota, "Ideias de Brasil", em *Viagem Incompleta*. São Paulo, Ed. Senac, 2000, pp. 197-238, p. 207. Sobre o IHGB, ver Lilia M. Schwarcz, "Os Institutos Históricos e Geográficos: 'Guardiões da História Oficial'", em *O Espetáculo das Raças: Cientistas, Instituições e Questão Racial no Brasil, 1870 – 1930*, São Paulo, Companhia das Letras, 1993, pp. 99-140; e Manoel Luís Salgado Guimarães, "Nação e Civilização nos Trópicos: O Instituto Histórico e Geográfico Brasileiro e o Projeto de uma História Nacional", *Estudos Históricos*, Rio de Janeiro, CPDOC-FGV, n. 1, 1988, pp. 5-27.

36. Cf. I. Jancsó & J. P. Pimenta, "Peças de um Mosaico", em Carlos G. Mota (org.), *Viagem Incompleta*, p. 133, nota 14.

Ao tratar de sua peça *O Jesuíta* (escrita em 1861), Alencar faz um comentário sintomático sobre a dificuldade da escolha do tema. Embora esse drama histórico tivesse sido produzido com a finalidade de comemorar a data da Independência, a seleção do assunto não recaiu sobre a própria emancipação do país. Segundo Alencar, a independência, "por sua data recente, escapa à musa épica"; seria necessário, por isso, "escolher em nossa história nacional algum episódio que se prestasse ao intuito"[37]. (No final, Alencar acabou utilizando um enredo de sua própria invenção, sem basear-se em algum fato histórico real.)

De maneira semelhante, ao realizar sua própria "fundação mítica do Brasil"[38], Alencar não se volta para o processo político da independência, preferindo buscar num passado remoto e imaginário os elementos conformadores e legitimadores da identidade nacional. Assim é que, em *O Guarani* e *Iracema*, Alencar recua aos primórdios da colonização e procura definir a formação da nacionalidade com base no encontro do colonizador português com o indígena nativo, situando a gênese da civilização brasileira num plano lendário[39].

Cabe notar aqui que a presença da dimensão mítica no romance romântico brasileiro movia-se entre coordenadas diferentes das que enquadravam o Romantismo nos países centrais, produzindo um resultado estético-ideológico singular. Segundo Michael Löwy e Robert Sayre[40], o Romantismo é anticapitalista por definição e em geral inclui um componente nostálgico, podendo manifestar-se sob as mais diferentes colorações políticas. Mesmo quando assume feição conformista ou reacionária, o impulso

37. Citado por D. de Almeida Prado, *O Drama Romântico Brasileiro*, São Paulo, Perspectiva, 1996, pp. 144-145.
38. Expressão de J. G. Merquior, *De Anchieta a Euclides*, p. 83.
39. Não se pretende, aqui, reduzir a obra de Alencar a essa dimensão. Sem tratar diretamente do passado colonial, nos romances de fazenda Alencar explora aspectos significativos da matéria brasileira, em que ressoam ativamente relações ligadas ao complexo colonial. Ali, a representação pressupõe uma visão menos idealizada do passado, embora a atitude de Alencar talvez não seja propriamente crítica.
40. Ver M. Löwy & R. Sayre, *Romantismo e Política*, Rio de Janeiro, Paz e Terra, 1993; e, sobretudo, *Revolta e Melancolia*, Petrópolis, Vozes, 1995.

por trás do teor histórico ou passadista na literatura romântica europeia é a crítica do presente, isto é, a recusa dos efeitos desumanizadores do progresso. No essencial, o que todas as vertentes românticas têm em comum seria o desejo de criticar a modernização capitalista e seus aspectos mais diretamente visíveis (como o industrialismo). Assim é que as tendências para a valorização de religião, magia, noite, sonho, mito etc. – elementos tantas vezes considerados característicos da "alma romântica" – podem ser entendidas como tentativas de reencantamento do mundo.

No Brasil, onde o desencantamento decorrente da modernização não se deu como na Europa, aqueles recursos românticos – entre os quais a elaboração literária do passado – não poderiam conservar o mesmo sentido que possuíam no Velho Mundo. Aqui, a civilização moderna não era uma realidade a ser criticada ou rejeitada, mas sim um ideal a que a elite aspirava. É certo que os efeitos alienadores que acompanhavam o progresso não eram desejados, e nisso a atualização da intelectualidade local com a escola literária prestigiosa servia para converter a desvantagem do atraso em vantagem contra os malefícios da civilização moderna, favorecendo também a perpetuação das relações tradicionais brasileiras.

Enquanto os românticos europeus buscavam reativar o sentimento da natureza que a sociedade moderna teria obliterado, a maior parte dos românticos brasileiros exaltava a paisagem local, glorificando patrioticamente o seu país. A elaboração literária da natureza (e, acrescentemos, do passado imaginário) viria a ter resultado diverso do que ocorria nos países avançados: em lugar da crítica (à modernização e seus efeitos), a literatura romântica ganhava sentido congratulatório e apologético (das relações tradicionais locais). Desse modo, "a exaltação romântica da natureza veio a perder entre nós a sua força negativa, e acabou fixando o padrão de nosso patriotismo em matéria de paisagem"[41].

Em contraste, Manuel Antônio volta-se para o passado recente e apresenta uma imagem negativa da nacionalidade. Nas

---

41. R. Schwarz, *Ao Vencedor as Batatas*, p. 58.

Memórias, os elementos de cor local não servem ao intuito de glorificação do país de acordo com o orgulho patriótico oficial. Os quadros descritivos dos costumes locais compõem antes a imagem de uma realidade problemática, que pede superação[42]. Talvez este seja o lugar adequado para discutir o que pode parecer uma inesperada convergência: Alencar supunha fazer romance histórico e acabou elaborando um passado mítico-lendário; de outro modo, também nas *Memórias* a dimensão histórica cede lugar a modos de representação que tendem ao fabuloso. Sem recuar para os primórdios da colonização, Manuel Antônio procura realizar uma narrativa histórica, com feição de crônica, ainda que esta tenda a limitar-se à superfície, sem o intuito declarado de captar as forças históricas atuando na profundidade. Mas também aqui a intenção histórica se evapora e o romance assume aspecto de fábula atemporal, chegando a apresentar ecos da figura mítica do *trickster*. No entanto, são esses elementos mais ou menos inespecíficos que, conjugados ao predomínio da ação da Fortuna (e não de forças históricas), favorecem a figuração do ritmo peculiar da história do país.

Voltando-se para o período joanino, Manuel Antônio apreende um tipo de continuidade em que não se vê uma progressão contínua, e sim o emperramento do progresso que, ao invés de erradicar as relações tradicionais injustas, contribui para reproduzi-las. Em lugar do desenvolvimento, encontra-se a repetição do mesmo. Ainda que o autor não tivesse a intenção consciente de sugerir o imobilismo histórico, o resultado estético da atemporalidade da representação ao modo de fábula apresenta uma dimensão mimética, captando a historicidade do próprio imobilismo da história nacional.

---

42. Havia mesmo certa consciência do escritor a respeito do convencionalismo da cor local. Em artigo de 1855, Manuel Antônio manifestava sua discordância quanto à utilização da cor local como critério de avaliação: "Muita gente confunde a propriedade, com um excesso de cor local, que, longe de dar caráter, desnatura aquilo que se escreve, seja verso ou seja prosa". E, atacando os epígonos do indianismo, adverte: "Confiaram no assunto; esqueceram o talento" ("A Poesia como Pensamento e Surpresa", 18.06.1855, em *Obra Dispersa*, pp. 46-47).

Retomemos a questão da identidade nacional por meio de um breve desvio, lembrando uma observação (inepta, mas por isso mesmo significativa) de José Veríssimo. Ao descrever o personagem principal das *Memórias*, o crítico acentua as características que considera reprováveis: aponta em Leonardo sua falta de educação e de senso moral, indicando que ele é "vadio", "maligno", "vagabundo", "um capoeira *en herbe*"[43]. Não é preciso fazer uma análise minuciosa do texto para perceber o viés preconceituoso com que Veríssimo julga moralmente o personagem.

O que mais chama a atenção no artigo talvez não seja tanto a simples retomada da acusação de vadiagem, tradicionalmente usada pela elite contra os pobres, e sim o comentário feito pelo crítico em seguida. Ao mencionar a frequência com que o rapaz se apaixona, sugerindo certa lubricidade do herói, Veríssimo acrescenta que teria ocorrido uma inabilidade de Manuel Antônio na caracterização do protagonista. Aos olhos do crítico, o fato de Leonardo ser apresentado como filho de portugueses demonstraria "um grave desfalecimento na psicologia do autor". Isso porque Veríssimo acredita descobrir no personagem não tanto um temperamento próprio ao homem branco, descendente de portugueses, mas uma disposição de caráter que seria, para ele, típica do mulato: "Leonardo se me afigura um mestiço, e de mestiço luxurioso, indolente e inconsciente, filho do português com a brasileira de raça negra, parece-me o seu temperamento, qual o consigo descobrir do conjunto da sua vida"[44].

As considerações de José Veríssimo permitem perceber outro aspecto em que as *Memórias* escapavam às ideias predominantes no seu tempo (e que perduraram longamente no pensamento brasileiro). É de supor que, caso Manuel Antônio tivesse apresentado Leonardo como um mulato, o comportamento malandro não provocaria estranheza, isto é, serviria para confirmar os estereótipos racistas que já estavam em voga

---

43. J. Veríssimo, "Um Velho Romance Brasileiro", em *Estudos Brazileiros*, segunda série (1889-1893). Rio de Janeiro, Laemmert, 1894, p. 114.

44. *Idem*, pp. 118-119.

em meados do século XIX, e que se intensificariam na época de Veríssimo, quando chegariam a ganhar estatuto de "cientificidade" com o determinismo positivista[45].

Na imagem definida pela visão da elite presumidamente branca, a conjunção de vadiagem, lascívia e baderna estigmatizava os mulatos (mulatos e negros forros compunham a maior parte da camada de homens livres pobres). Apresentando o filho de portugueses como agente principal da malandragem, Manuel Antônio (que, aliás, era ele mesmo filho de portugueses) não só se distanciava das ideias de inferioridade racial de negros e mulatos, como também apontava para o caráter especificamente social do comportamento dos personagens. Desvinculado do determinismo biológico, o comportamento malandro só pode ser concebido como problema social – o que obriga a uma explicação mais refletida acerca de seu significado, algo que não parecia estar ao alcance da maioria de seus contemporâneos.

A questão das raças era um dos modos pelos quais a intelectualidade brasileira procurou "elaborar" imaginariamente as clivagens sociais; isto é, a diferenciação das raças sobrepunha-se ao antagonismo de classes, servindo para ocultar o núcleo da fratura social. Era corrente, então, a ideia de que o problema das raças seria crucial para o aperfeiçoamento da nação, cabendo ao branco a missão de civilizar índios e negros[46]. Essa era, por sinal, a base do "fardo do homem branco", tarefa histórica do europeu oitocentista, (auto)designado a levar a civilização ocidental – e o comércio – a todos os recantos do planeta.

---

45. Embora Veríssimo procurasse guardar certa distância das concepções deterministas então em voga, no artigo sobre as *Memórias* ele se mostra como um verdadeiro homem de seu tempo, a ponto de sugerir que Manuel Antônio teria antecipado a "explicação dos caracteres pela análise das hereditariedades psicológicas" (*idem*, p. 118).

46. Não cabe demorarmo-nos aqui discutindo a origem da questão das raças, que costuma ser atribuída a K. F. Ph. von Martius (ver "Como se Deve Escrever a História do Brasil" [1845, premiado em 1844 pelo IHGB], *Ciência Hoje*, vol. 13, n. 77, São Paulo, outubro/novembro de 1991, pp. 56-63). Sobre as ideias de Martius, ver B. Ricupero, *O Romantismo e a Ideia de Nação no Brasil*, Tese de Doutorado (Ciência Política), São Paulo, FFLCH-USP, 2002.

Tal concepção terá prolongamentos naquilo que Luiz Felipe de Alencastro chamou de "fardo dos bacharéis", em que a elite brasileira se atribuía a tarefa de civilizar o Império[47]. Apoiada na noção de mestiçagem, iria difundir-se uma ideologia (de longa vigência) com que o pensamento nacional se desviou da tarefa de enfrentar os fundamentos objetivos dos conflitos internos à sociedade. O centro dos conflitos é deslocado para o âmbito biológico da etnia, e com isso coloca-se em funcionamento o mecanismo básico da ideologia, que efetua uma naturalização das desigualdades econômico-sociais. O comentário de Veríssimo recai justamente num deslocamento desse tipo, confundindo questões sociais (a situação dos homens livres pobres) com questões raciais (o "temperamento" dos mulatos).

Sem nos estendermos sobre o problema específico da mestiçagem, a que se liga o tema da ascensão do mulato na segunda metade do século XIX, bem como a persistência das ideias de superioridade/inferioridade étnica[48], notemos apenas que o tema da harmonização das raças será importante para a definição da identidade nacional, questão que estava na ordem do dia para os românticos.

Ao se colocarem a questão da identidade, os escritores românticos aspiravam a criar, no plano simbólico, uma unidade que não existia no plano da realidade[49]. (E a ideia de harmonização racial contribui para forjar um laço imaginário de coesão que se sobrepõe às clivagens reais.) É precisamente essa a função do nacionalismo que, conjugado ao projeto "civilizador" dos intelectuais românticos, tem como alvo a invenção da nação ainda inexistente. Na prática econômico-política da vida brasileira, no entanto, nada poderia estar mais distante da homogeneidade e da coesão harmoniosa implicada na ideia de

---

47. Ver L. F. de Alencastro, "O Fardo dos Bacharéis".
48. Sobre a "ascensão do mulato", ver G. Freyre, *Sobrados e Mucambos*; sobre a noção de mestiçagem, ver L. F. de Alencastro, "Geopolítica da Mestiçagem", *Novos Estudos CEBRAP*, São Paulo, n. 11, janeiro de 1985, pp. 49-63.
49. Apoio-me em formulação de R. Schwarz.

nação, aqui entendida como "comunidade política imaginada" (na expressão de Benedict Anderson).

O vínculo entre nação e romance é um ponto assentado da crítica[50], implicando uma inter-relação profunda: o romance possibilita a representação da nação, fornecendo a forma de que se necessita para que a comunidade imaginada se torne efetiva. O auge do processo de *nation-making* e o apogeu do romance são rigorosamente contemporâneos, e não se trata de simples coincidência; ambos compartilham a produção de uma "consciência de conexão", que é um efeito próprio ao tipo de imaginação suscitada pelo romance, sendo também análoga à imaginação da nação. O solo histórico-social em que esse processo tem lugar liga-se à consolidação da burguesia, a primeira classe social a "consumar solidariedades numa base essencialmente imaginada", porque fundada numa abstração: o processo de valorização do capital (e não, como no caso da solidariedade de classe aristocrática, baseada no parentesco e na dependência ou lealdade pessoais).

Procurando explorar as relações entre a forma romance e o Estado-nação, Franco Moretti sugere que a picaresca já prenuncia certo senso de comunidade pressuposto no nacionalismo. Com referência ao *Gil Blas* (que, a rigor, já é um aburguesamento do esquema picaresco, distanciando-se das coordenadas morais e sociais da forma espanhola original[51]), o crítico sugere que

---

50. Ver B. Anderson, *Imagined Communities*, 2nd revised ed., London, Verso, 1991. Apoio-me no comentário de P. Arantes, "Nação e Imaginação" (em *Zero à Esquerda*, São Paulo, Conrad, 2004, pp. 79-108). Sublinhe-se que, na avaliação de Arantes, o argumento de B. Anderson fornece uma "excelente explicação histórico-estrutural do porquê do papel privilegiado de instrumento de 'descoberta' do país desempenhado pelo romance" (*idem*, p. 92).

51. Uma análise mais detalhada da picaresca espanhola e das retomadas posteriores de seu esquema formal escapa aos propósitos deste trabalho. Para uma aproximação ao problema, ver o estudo de Raquel de Almeida Prado, que investiga a figuração do indivíduo na passagem da moral religiosa para a moral laica (*A Jornada e a Clausura: Figuras do Indivíduo no Romance Filosófico*, São Paulo, Ateliê, 2003). Sobre a Espanha do *Quixote*, que é também a do *Gusmán de Alfarache*, ver Pierre Vilar, "El tiempo del *Quijote*", em *Crecimiento y Desarrollo. Economía e historia. Reflexiones sobre el caso español*, trad. E. Giralt Raventós, Barcelona, Ariel, 1966, pp. 332-346.

a grande realização simbólica do romance picaresco foi "definir a nação moderna como aquele espaço onde estranhos nunca são inteiramente estranhos". Pontuado por encontros fortuitos e conversas com inúmeros outros personagens, o percurso do pícaro vai costurando uma rede de episódios não-problemáticos, que "define a nação como o novo espaço de 'familiaridade', onde os seres humanos se reconhecem uns aos outros como membros do mesmo grupo amplo"[52]. Assim, a despeito da dimensão individualista que predomina nos relacionamentos do pícaro com os outros, há, ainda que embrionariamente, certo senso compartilhado de pertencimento a uma coletividade.

Esse sentimento de comunidade não se encontra no plano da representação das *Memórias* – e chega mesmo a ser obliterado pela lógica formal que organiza os episódios, donde se vê que a aparente convergência com a picaresca no uso do esquema episódico pode ter significados bem diversos e até opostos. Longe de sugerir o pertencimento do herói a uma coletividade, tecendo relacionamentos fundados na identificação com os semelhantes, a lógica que comanda as ações apresenta um caráter diverso, pois baseia-se principalmente na desavença e na rivalidade. O que o mundo figurado nas *Memórias* nos apresenta é antes uma sugestão da fragilidade dos vínculos sociais[53]. Nas *Memórias*, a organização episódica apresenta, adicionalmente, um funcionamento perverso: os personagens secundários, que fazem parte da camada intermediária de homens livres pobres, mas que, diferentemente de Leonardo, não encontram a sorte grande da cooptação, são rapidamente abandonados pela narrativa[54]. Um

---

52. F. Moretti, *Atlas do Romance Europeu*, São Paulo, Boitempo, 2003, pp. 60-61.
53. Para Caio Prado Jr., um aspecto próprio à vida brasileira no início do século XIX seria justamente a "falta de nexo moral", isto é, a ausência de um "conjunto de forças de aglutinação, complexo de relações humanas que mantêm ligados e unidos os indivíduos de uma sociedade e os fundem num todo coeso e compacto" (*Formação do Brasil Contemporâneo*, p. 345). A questão foi lembrada por P. Arantes como termo de comparação histórica com a situação contemporânea (*Zero à Esquerda*, pp. 59, 85, 291).
54. A observação sobre o modo pelo qual a narrativa abandona os personagens secundários me foi sugerida por Ivone Daré Rabello.

dos poucos personagens menores que são retomados na história é Tomás da Sé, que termina agregado à família de Vidinha; na maior parte, porém, os personagens simplesmente desaparecem, como ocorre com o caboclo negromante, a cigana, Chico-Juca, Teotônio, o toma-largura e outros, que continuarão vivendo nas condições precárias ou muito modestas em que já se encontram. Deixando para trás as figuras secundárias que não pertencem ao círculo mais estreito de relações do herói, como se perdesse o interesse por elas, a narrativa acaba reduplicando, no plano formal, o abandono em que são deixados os personagens marginalizados na organização da sociedade escravista. (Aliás, são esses personagens secundários, e não Leonardo, que encarnam a regra da vida cotidiana dos pobres, permanecendo na mesma situação precária, sem maiores possibilidades de ascender socialmente.)

O desfecho irônico, que não é um final feliz cômico nos moldes tradicionais, aponta para o caráter farsesco do arranjo que permite o ingresso do malandro na camada proprietária; nesse sentido, contém um elemento de denúncia pelo riso, isto é, expõe o jogo de conciliação intraelite para revelar seu aspecto risível. Ao mesmo tempo, contudo, é preciso reconhecer que o movimento da narrativa acaba por aderir à lógica da cooptação do pobre pela classe dominante, que elege alguns poucos enquanto deixa a maior parte da camada de baixo ao deus-dará. A contrapartida da bandalheira da conciliação no âmbito da elite é a desconsideração pelo destino dos pobres.

Talvez seja útil lembrar aqui uma observação de Raymond Williams; segundo ele, nos romances ingleses do século XIX predomina o final em que há uma espécie de "balanço" do destino de todos os personagens, às vezes com projeções sobre seus futuros, de tal modo que o capítulo conclusivo tende a realizar uma prestação de contas com todos. Esse padrão indicaria a vigência de uma sensibilidade em que se dá importância à coletividade, ainda que o foco da narrativa esteja centrado em um personagem individual; ou seja, sentia-se que era importante conhecer o destino de todos os que haviam rodeado o protagonista. Em contraste, no romance inglês do século XX, a ênfase recai sobre o personagem central, que se desprende de todos os outros com que entrou em contato; assim, a narrativa termina, não com o que sucede ao grupo, mas com o que sucede a um único indivíduo[55].

Por mais convencional que seja, o tradicional "balanço" conclusivo, em que ocorre uma espécie de distribuição de prêmios e punições aos personagens, indica uma sensibilidade em que o senso da coletividade é entendido como algo fundamental para o destino do indivíduo. Nas *Memórias*, o capítulo final concentra-se somente no destino do herói e seu círculo familiar, sem referência à coletividade com que o malandro interagia. Desse modo, já se aponta para o caráter restrito da conciliação possível no mundo social das *Memórias*: ao invés do senso de comunidade, a conciliação limitada ao campo da elite, em que o pobre não tem lugar, exceto em condições excepcionais. Ao mesmo tempo em que o romance de Manuel Antônio marca a entrada da camada de homens livres pobres na ficção literária no Brasil, a narrativa se desenrola abandonando justamente os personagens representativos daquela camada.

---

55. Cf. R. Williams, Entrevista a Beatriz Sarlo ("Raymond Williams y Richard Hoggart: Sobre cultura y sociedad"), *Punto de Vista*, Buenos Aires, año 2, n. 6, julio 1979, p. 13. Desnecessário acrescentar que essa mudança na estrutura de sentimento corresponde, em termos gerais, à passagem do apogeu do romance burguês para o momento histórico de sua crise.

5
Desfecho

DESFECHO NARRATIVO, NÓ IDEOLÓGICO

Os acontecimentos finais da narrativa apresentam a consumação da ascensão social de Leonardo. A entrada na esfera dos proprietários já estava inscrita virtualmente na obtenção da herança deixada pelo padrinho, mas o fato de Leonardo não poder reger os bens recebidos, que ficam sob a guarda paterna[1], coloca o movimento em suspensão. Tendo herdado, ele já tem direito a uma fortuna que o aproxima dos poderosos, mas, não podendo tomar posse da riqueza, ainda é tratado (pela polícia) como vadio. Leonardo parece ocupar então um lugar indefini-

---

1. "Sob pátrio poder ou sob a tutela de um tutor, o jovem só adquiria a capacidade de reger os seus próprios bens em três situações: a maioridade (25 anos); o casamento; por provisão de suplemento de idade passada pela Mesa do Desembargo do Paço às moças depois de completados os 18 anos e aos moços depois dos 20" (M. B. Nizza da Silva, *Vida Privada e Quotidiano no Brasil na Época de D. Maria I e D. João VI*, p. 34).

do, a meio caminho entre o desvalimento e a entrada no círculo da elite proprietária, que são os dois extremos entre os quais oscila o destino do pobre livre. A excepcionalidade da situação de Leonardo, que (diferentemente dos personagens secundários) escapa à miséria com a herança inesperada, é acentuada pelo fato de depender apenas do acaso ou da Fortuna.

Com a morte do barbeiro, tudo se passa como se a ascensão do herói já estivesse estabelecida, mas faltasse algo que a efetivasse, um elemento adicional que complementasse a posse da herança enquanto tal. Essa circunstância faz com que o foco da narrativa não se volte para a conquista de riqueza (que é obtida sem esforço), mas para uma espécie de busca de legitimação da entrada do vadio no âmbito dos proprietários. Isso é sinalizado pela mudança de significação do casamento de Leonardo com Luisinha: primeiro, a união com uma moça de família tradicional surge como a própria possibilidade de ascender, mas depois (isto é, depois que Leonardo já herdou) passa a ser algo que legitima a ascensão. A ênfase se desloca do dinheiro para a respeitabilidade que o casamento proporciona (ainda que o tema ostensivo seja o do amor romântico, o qual não deixa de ser ironizado numa passagem da narrativa).

Note-se apenas (para tirar as consequências depois) que o modo pelo qual a narrativa se arma dá a impressão de que a legitimação precede a própria entrada efetiva na classe proprietária, pois há uma espécie de interdependência entre a posse da fortuna herdada e o casamento com Luisinha. O casamento é a condição para que Leonardo possa reger seus bens; e, ao mesmo tempo, a posse da fortuna funciona como condição para que o casamento com a herdeira de D. Maria seja aceito pela família da noiva.

Recordemos os acontecimentos dos capítulos finais. Depois de ajudar o malandro Teotônio a escapar de Vidigal, Leonardo (então soldado) é preso por ofender a disciplina; isto é, por contribuir para a fuga do homem a quem deveria prender (t. 2, cap. xxi). Denunciado pela imprudência de um amigo, o herói é recolhido ao quartel e desaparece da ação narrativa, em que no entanto permanece sendo o assunto principal, pois os dois capítulos seguintes mostram o empenho da comadre (com o auxílio de D. Maria e Maria-Regalada) junto ao major para convencê-lo a liberar o afilhado da punição humilhante das chibatadas. Depois que as mulheres obtêm o compromisso do major, ocorre a morte providencial de José Manuel, e, após o enterro, Leonardo ressurge triunfalmente, vestindo o uniforme de sargento da companhia de granadeiros. O herdeiro do compadre vai à casa de D. Maria para agradecer-lhe a ajuda e acaba reatando a relação com Luisinha, agora viúva. Neste momento, a possibilidade de união com a moça deixa de ser uma aspiração implausível (como era antes da obtenção da herança) e se apresenta como um fim previsível, uma vez que, agora, o herói se encontra envolto numa aura de respeitabilidade que emana da patente militar.

Antes, porém, que a conclusão feliz se complete, apresenta-se um obstáculo final, que chama a atenção do leitor pelo caráter aparentemente desnecessário e pela excessiva facilidade com que é ultrapassado. Quando Leonardo e Luisinha decidem casar, tudo parece encaminhar-se para o final da história; contudo, surge esta última complicação: "um sargento de linha não podia casar" (p. 334)[2]. O modo um pouco súbito como esse impedimento é anunciado e rapidamente removido chega a dar a impressão de que ele não serve tanto para produzir uma derradeira peripécia ou contorção do enredo, mas para cumprir uma função puramente ideológica.

À primeira vista, o papel do impedimento final parece ser apenas o de fornecer ocasião para o discurso moralista do nar-

---

2. Não foi possível averiguar se de fato havia, naquele tempo, alguma proibição de casamento para militares. Consta que aos desembargadores não era permitido casar (só podiam fazê-lo com licença especial do rei); o objetivo dessa proibição era o de garantir que o magistrado não contraísse vínculos pessoais na região em que devia trabalhar, pois o casamento levaria ao envolvimento com interesses particulares de uma dada família, comprometendo, assim, a desejada imparcialidade do desembargador. Seja como for, para o efeito literário não faz diferença se havia ou não correspondência na realidade histórica: não se trata de aferir o verismo dos detalhes comparando a ficção à realidade, mas de tentar compreender o significado da proibição nos próprios termos do romance.

rador condenando o amancebamento em favor do casamento sacramentado: diz o narrador que a união ilegítima, "essa caricatura da família, então muito em moda, é seguramente uma das causas que produziu o triste estado moral da nossa sociedade" (p. 335). No entanto, talvez a função mais significativa da inserção do obstáculo no final do romance não seja tão óbvia. Por sinal, o tom moralista destoa tão marcadamente de outras opiniões do narrador que chega a dar a impressão de que a exigência tácita do casamento só pode significar outra coisa.

Para contornar a dificuldade que impede o casamento, busca-se mais uma vez o auxílio do major Vidigal, que acha o pedido muito justo por causa da finalidade moral. (O fato de que o amancebamento de Vidigal e Maria-Regalada não seja condenado acaba contradizendo o moralismo expresso pelo narrador alguns parágrafos antes. Sendo mais simpática do que sarcástica, a representação da união ilegítima não produz o efeito de denunciar alguma hipocrisia da parte do major. Ao contrário, a oscilação de Vidigal não é sentida sequer como incoerência.) Conseguindo a baixa da tropa de linha e a nomeação para o posto de sargento de milícias graças ao poder de Vidigal ("o major [...] com a sua influência tudo alcançou" [p. 336]), Leonardo pode casar-se com a sobrinha de D. Maria e finalmente tomar posse da herança que estava sob a guarda de seu pai.

Nos termos da narrativa, o obstáculo ao casamento parece ter a única função de tornar "necessária" a passagem da tropa regular para as milícias, mantendo-se a patente de sargento. Esse deslocamento pode parecer insignificante, mas é só por meio dele que Leonardo passa a ocupar (no tocante à imagem pública) um posto mais condizente com sua nova situação econômica; pois, enquanto o exercício do cargo de sargento na primeira linha é propriamente uma ocupação profissional, a manutenção do mesmo posto nas milícias é sobretudo um indicador de prestígio. Diferentemente das tropas de primeira linha, corpos de ordenanças e milícias não eram remunerados; os benefícios para seus oficiais não se ligavam a ganhos monetários: fundavam-se exclusivamente na posse de uma patente militar, que proporcionava *status* e posição de comando[3]. (Por isso mesmo, os grandes fazendeiros e seus filhos ocupavam, invariavelmente, os postos de comando nas milícias; assim, a patente militar reduplicava, na hierarquia militar, o poder dos proprietários[4].)

Assim, quando Leonardo obtém a nomeação para o posto de sargento de milícias, não se trata apenas de uma solução para o simples obstáculo que impedia o casamento (e o casamento também não é apenas um pretexto para o discurso moralista). Além de ser um sinal de respeitabilidade, o matrimônio sacramentado, numa sociedade em que predomina a união ilegítima, funciona como uma cerimônia de superioridade social, em que a pompa do ritual eleva os noivos (e a família, que comparece "em peso" na Sé), ao mesmo tempo em que exige a deferência de todos os demais (sobretudo dos que estão abaixo na escala social). O posto nas milícias é a confirmação do novo *status* econômico-social de Leonardo, assinalando sua nova posição de prestígio e seu poder recém-conquistado – um poder equivalente à amplitude de sua propriedade, que irá multiplicar-se com o casamento.

Observemos agora o papel do major nos episódios finais. O fato mais marcante, mas talvez não surpreendente, é que Vidigal, o maior rival de Leonardo na história, transforma-se em seu principal benfeitor. O mesmo Vidigal que condena Leonardo ao castigo das chibatadas (mais por vingança do que por obrigação do ofício) irá perdoá-lo em função do interesse pessoal (reatando os vínculos com Maria-Regalada, sua antiga amante), e também para reconfirmar seu poder ilimitado (antes mesmo que a proposta de Regalada seja feita, o narrador avisa

---

3. Cf. G. Salgado (coord.), *Fiscais e Meirinhos*, Rio de Janeiro, Nova Fronteira, 1985, pp. 97-112.

4. Segundo Jeanne Berrance de Castro, com a Guarda Nacional, criada em 1831, substituindo as antigas milícias, passou-se a admitir que homens de extração social inferior comandassem "fidalgos" – pelo menos até 1850, quando começou a ser reformada (*A Milícia Cidadã: A Guarda Nacional de 1831 a 1850*, 2. ed., São Paulo, Nacional, 1979). Já Fernando Uricoechea acentua a importância da riqueza para a admissão na Guarda Nacional, bem como a rigidez hierárquica que confirmava o patrimonialismo (*O Minotauro Imperial: A Burocratização do Estado Patrimonial Brasileiro no Século XIX*, São Paulo, Difel, 1978, cap. IV e V).

que "o major estava há muito tempo disposto a ceder, porém queria fazer-se rogado" [p. 325]).

Como se sabe, Vidigal acaba cedendo ao pedido das mulheres e libera Leonardo principalmente por causa do interesse por Maria-Regalada, que é introduzida na narrativa como uma espécie de moeda de troca, apenas para que a negociação se realizasse[5]. Mas, além desse aspecto, em que o poder (institucional) é mobilizado em função de interesses particularistas, é possível que a mudança na atitude de Vidigal seja igualmente um indício daquele complemento que falta para que a ascensão do herói seja consumada: uma espécie de reconhecimento (do novo estatuto social) de Leonardo. Isso porque a mudança de atitude do major corresponde precisamente à alteração na posição de Leonardo. Nesse sentido, talvez se possa dizer que não é só o fato de Vidigal sair ganhando algo em proveito próprio que o leva a ser "benevolente" com Leonardo, exercendo seu arbítrio sem consideração pela lei; pelo contrário, sua atitude já é um reconhecimento do poder do novo proprietário (e é o vínculo estabelecido com este que constitui o verdadeiro proveito que Vidigal poderá tirar).

A conexão entre o desfecho e a nova posição econômica de Leonardo é explicitada por uma fala de Maria-Regalada: quando ela pretende convencer Vidigal de que Leonardo é "muito bom rapaz" e "não é nenhum valdevinos", o argumento usado não diz respeito, como se poderia talvez esperar, ao comportamento ou ao caráter do rapaz; em lugar das qualidades morais, Regalada prefere lembrar apenas a existência da herança deixada pelo barbeiro, como se a riqueza fizesse as vezes de moralidade, substituindo-se às qualidades positivas do herói: "o Sr. Major

---

5. O surgimento de Maria-Regalada ao final do romance para "solucionar" o conflito pode dar a impressão de certa artificialidade, mas esse expediente era uma convenção normal da narrativa romanesca, que ainda perdurava nos escritores europeus de segunda linha do século XIX (ver F. Moretti, "O Século Sério", pp. 9-10). Assinale-se apenas que tal expediente cairia em desuso à medida que o romance burguês, baseado no realismo sério e estruturado dramaticamente, se impusesse como forma dominante.

bem sabe que o padrinho quando morreu deixou-lhe alguma coisa, que bem lhe podia estar já nas mãos, e ele por isso livre da maldita farda" (p. 323). O encadeamento das ideias não deixa dúvidas quanto à conexão tacitamente aceita entre a posição socioeconômica e a incidência da lei: com toda a naturalidade, pressupõe-se que, caso Leonardo pudesse tomar posse da fortuna herdada, ele estaria livre da farda e, portanto, também da prisão e do castigo. Ou seja, o recrutamento, bem como a punição, é apenas para os despossuídos; os abastados não precisariam sequer preocupar-se com isso. Nesse sentido, não é exagerado dizer que o decisivo para a conciliação final é determinado não apenas pela troca de favores (ocasional), mas sobretudo pela iminente integração de Leonardo à classe proprietária. Só assim ele passa a ter crédito com Vidigal, sendo reconhecido por ele.

A propósito, note-se ainda que algo semelhante ocorre na atitude de D. Maria, no momento em que ela passa a considerar com mais simpatia a possibilidade de casamento entre sua sobrinha e Leonardo: agora, o herói é visto como "um bom moço, não de todo desarranjado, graças à benevolência do padrinho barbeiro" (p. 334). Também aqui é a nova posição econômica de Leonardo que pesa na maneira como a matriarca passa a olhar para o antigo vadio, abrindo-se a possibilidade de aceitá-lo em sua família.

O desfecho narrativo é um final feliz (talvez demasiado feliz), mas apenas para o herói e seu círculo familiar. Por isso, não é um final feliz como o de certos contos tradicionais em que o casamento do herói simboliza uma espécie de passagem para um estado social harmonioso (em oposição a um estado anterior desordenado), ou uma restituição de algum equilíbrio coletivo que tivesse sido abalado. (Tal visão, mais próxima da novela romanesca, é antes própria ao modo como a classe dominante de meados do século XIX concebia a história da colonização e da emancipação política do país, opondo um passado bárbaro a um suposto estado civilizado no presente.) Longe de simbolizar uma modificação no modo como a coletividade se organiza, o desfecho das *Memórias* diz respeito apenas à situação do personagem principal, que muda de posição dentro dos limites de uma ordem social que permanece inalterada: sua passagem para a camada de cima não aponta para uma modificação no estado geral da coletividade, cuja penúria – encarnada nos personagens secundários – permanece, embora esta não seja mostrada em detalhe, já que a narrativa os abandona.

Assim, as *Memórias* se distanciam do romanesco tradicional, ainda que os passos da trajetória de Leonardo pareçam corresponder, até certo ponto, ao esquema básico da narrativa romanesca pré-burguesa: há o confronto com o antagonista (conflito com Vidigal), a que se segue a morte simbólica com o desaparecimento do protagonista (prisão de Leonardo) e por fim o ressurgimento e o reconhecimento do herói (Leonardo com uniforme de sargento). Mas o que se encontra, aqui, não é a simples atualização de um esquema arquetípico atemporal, e sim um trajeto enraizado social e historicamente, que culmina em uma *anagnorisis* de classe: a rivalidade entre Vidigal e Leonardo se desfaz em fumaça no momento em que o herói ingressa na classe proprietária, sendo reconhecido por seus novos pares. Neste ponto, ele deixa de ser um vadio e se torna, aos olhos do defensor dos "homens bons", um semelhante – integrando-se, assim, à unidade da classe social. Essa é a reversão final que tem lugar no movimento conclusivo do romance, em que não há propriamente a superação de um antagonismo, mas o deslocamento da posição do herói no interior da sociedade antagônica.

Em suma, tudo se passa como se a existência de Leonardo na classe proprietária só se efetivasse na medida em que se dá a ver como tal, isto é, mediante a exibição de uma marca exterior que sinalizasse sua posição econômico-social; no caso, o uniforme de sargento de milícias, cuja importância pode ser medida pelo fato de que é vestido com ele que Leonardo recebe Luisinha na cerimônia de casamento.

A curiosidade é que a trama narrativa parece armar-se sobre uma espécie de paralogismo: assim como a condição para o casamento é a obtenção da herança, o casamento é condição para a posse da riqueza herdada. Se a história se restringisse ao enredo de namoro, o obstáculo para a união de Leonardo e Luisinha estaria removido no momento em que ele herda (e a história terminaria antes mesmo do confronto de Leonardo com Vidigal). Mas essa resolução simples não ocorre: a ascensão social do herói é colocada em suspensão, e o foco da narrativa desvia-se para outras peripécias.

O vínculo entre herança e matrimônio só é retomado no final, mas a relação de interdependência entre os termos sugere certa confusão de causas e consequências. O encadeamento causal não é bem resolvido, mas é precisamente essa circularidade que revela a clausura em que o romance se enreda. Os termos iniciais em que o problema se coloca dizem respeito à diferença econômico-social que, por um lado, separa os namorados e, por outro, coloca o malandro e a polícia em campos opostos. Mas, uma vez que o problema da desigualdade econômica se atenua com o recebimento da herança, e portanto está "resolvido" de antemão, o conflito subjacente ao entrecho se desloca do antagonismo social para a busca de reconhecimento[6].

Nessas condições, no entanto, o centro do enredo deixa de ser o antagonismo de classes, implicado nos termos iniciais do conflito fundamental, e se converte num problema de inclusão, pelo reconhecimento, na ordem vigente. Enquanto, na situação inicial, definida pelo antagonismo de classes, abria-se a possibilidade de questionar os fundamentos da própria ordem que reproduz as clivagens e iniquidades, o deslocamento do problema para o plano do reconhecimento reduz o conflito fundamental à mera dificuldade de integrar-se, de modo vantajoso, no sistema de desigualdades existente, o qual deixa de ser um obstáculo para converter-se em um pressuposto da felicidade do herói.

É precisamente isso o que ocorre na conclusão feliz, uma vez que o romance mostra a entrada do herói na esfera de proprietários, sem pôr em causa os fundamentos da organização social. Depois da ascensão de Leonardo, o mundo social do roman-

---

6. Pode-se sugerir a dimensão atual desse aspecto remetendo a observações (referentes a outro contexto) de P. Arantes, "A Fratura Brasileira do Mundo", em *Zero à Esquerda*, p. 53.

138 ERA NO TEMPO DO REI

ce continua injusto, mas agora é injusto a favor do malandro enriquecido. Uma vez que o problema se coloca em termos de inclusão/exclusão na ordem dada e aceita, não há lugar para o desdobramento da colisão de interesses sociais antagônicos (ou de forças históricas em conflito, cuja figuração era uma característica do romance histórico "clássico").

DEPOIS DO FIM

Comentando o final das *Memórias*, Mário de Andrade faz uma observação aparentemente banal, mas cujos pressupostos podem iluminar algo sobre o desfecho do romance. Diz ele que "o livro acaba quando o inútil da felicidade principia". Depois de "casado e nulificado", o herói passaria a levar uma vida pouco propícia à narrativa de corte irônico: "Leonardo se une fácil com a Luisinha abastada e vão ambos viver de uma felicidade cinzenta e neutra, que a pena de Manuel Antônio de Almeida seria incapaz de descrever por excessivamente afiada"[7].

Mário de Andrade parece supor que o final do romance, com a integração de Leonardo à camada de poderosos, é o termo de um ciclo aventuroso, dando a entender que após o casamento com Luisinha põe-se fim ao dinamismo da astúcia e dos expedientes necessários à busca de meios de sobrevivência. Com a ascensão social realizada, começaria para o herói outro ciclo inteiramente novo, que já não comporta embates romanescos, implicando apenas a mera acomodação. Sendo marcada por uma morna felicidade cotidiana, de vocação fundamentalmente estática, a vida conjugal do casal abastado não apresentaria maior interesse narrativo[8].

---

7. M. de Andrade, "Memórias de um Sargento de Milícias", p. 135.
8. Essa perspectiva, contudo, talvez seja mais adequada para o romance de aprendizagem. Colocando-se em conflito com o mundo, o herói do romance de educação passa por um aprendizado e acaba por ajustar-se à efetividade presente: alcança uma carreira, encontra uma mulher, casa-se com ela e, como qualquer outro, também se torna um filisteu (ver Hegel, *Cursos de Estética*, vol. II,

O desfecho do romance talvez não seja tanto uma resolução propriamente dita, pois não se configura como o termo de um percurso, mas como simples suspensão de uma lógica que se interrompe apenas momentaneamente (e que poderia ser retomada depois). Recorde-se, além disso, que a trajetória do herói é uma exceção, distanciando-se do destino normal entre os pobres, os quais, via de regra, permanecem vivendo em condições precárias, sem maiores possibilidades de subir na vida.

A ascensão de Leonardo não é exatamente uma decorrência lógica (se é possível dizer assim) do movimento dominante no conjunto do romance. Pelo contrário, a entrada do herói na camada de proprietários depende de dois eventos principais que, de certo modo, escapam ao dinamismo próprio ao conjunto de episódios das *Memórias*. Dizendo sumariamente, a lógica específica do romance aponta para a repetição incessante do mesmo padrão de rixas; a ascensão, como resultado, suspende essa lógica da repetição.

A integração do herói depende, primeiro, da herança do padrinho, que obtém uma fortuna por meio do roubo, num episódio de características fortemente antirrealistas. Destoando muito da feição documentária de outras passagens, nesse trecho abandona-se a notação verista, levando ao extremo a dimensão de fábula que permeia difusamente o romance. Ao mesmo tempo, é precisamente nesse episódio que se faz menção ao tráfico negreiro, elemento mais característico da vida brasileira do tempo do que qualquer festejo popular ou instituição oficial; ou seja, o traço mais marcante da particularidade nacional (na verdade transnacional) surge no episódio menos documental (ver Excurso 2).

A excepcionalidade do acontecimento envolvendo o roubo é acentuada pelo modo como se destaca do fluxo temporal dos eventos, sendo o único episódio contado em *flash-back*

---

pp. 328-329). Se a integração de Leonardo é uma espécie de ajustamento (à camada dominante), então as *Memórias* expõem a verdade do romance de formação, pois só numa sociedade já reconciliada o ajustamento à realidade poderia ser o fecho efetivo da formação.

no romance, quase como um conto independente no interior da narrativa mais ampla. Além disso, como o barbeiro vive em condições modestas, sem tirar partido da riqueza roubada (não comprou sequer um escravo para servi-lo), parece não haver uma continuidade clara entre o episódio do "arranjei-me" e o andamento da vida do compadre no presente. Exagerando um pouco, é como se o episódio correspondesse a um tempo anterior, isolado num passado indeterminado, e cujos efeitos são suspensos até que Leonardo possa herdar a riqueza. É esse núcleo originário (uma espécie de "cena primitiva" nacional, abusando um pouco do termo) que será determinante para a ascensão social do herói. Somente ao chegar às mãos de Leonardo é que a fortuna roubada passa a ter uma função efetiva.

O próprio "arranjei-me" participa do espírito rixoso dominante na narrativa como um todo, pois envolve uma trapaça do barbeiro, que, favorecido pela conjunção de acasos, se apropria, sem remorso, da fortuna do capitão do navio negreiro. No entanto, destacado do espaço-tempo próprio ao restante da narrativa, o episódio também é atípico, pois não leva à multiplicação das rixas, não conduz à repetição incessante de confrontos entre os rivais. Nesse aspecto, o episódio do compadre escapa ao ritmo específico das *Memórias*, impondo uma suspensão (momentânea) do movimento.

Também no arranjo que leva à conciliação final, a lógica própria à rivalidade é posta em suspenso. Mas aqui o sentido da suspensão é diverso. Se no episódio do compadre havia apropriação da fortuna mas não reconhecimento, tanto que o barbeiro não chega a ostentar sua riqueza roubada, na conciliação de Leonardo e Vidigal, que permite a consumação da ascensão com o casamento, há reconhecimento mas não apropriação ilícita, ainda que a aparente normalidade do casamento dependa do roubo originário praticado pelo barbeiro. A origem da fortuna de Leonardo é, por assim dizer, recalcada. Nesse sentido, a ascensão de Leonardo não deixa de ser a realização do "arranjei-me" do compadre, levando-o a seu termo. Assim, os dois pontos de suspensão da lógica da rixa são complementares,

DESFECHO 141

ambos envolvendo a transmissão da herança (usurpada no caso do compadre, "legítima" no caso de Leonardo). A rivalidade entre Leonardo e Vidigal se suspende quando o herói passa para o campo dos proprietários.

O desfecho se dá, portanto, como suspensão, e não resolução, da rivalidade principal (entre o malandro e a polícia), fundada no antagonismo social. Nem por isso a lógica (mais abrangente) da reversibilidade de ordem e desordem deixa de ter vigência a partir do momento em que Leonardo é integrado. A propósito, vale lembrar um comentário lateral de Antonio Candido sobre a persistência da lógica malandra para além do final da história.

Em seu ensaio, Antonio Candido faz uma extrapolação, especulando acerca do que poderia ocorrer depois do fim do romance. De acordo com o crítico, mesmo estando assimilado à esfera da ordem, nada impede que, no futuro, Leonardo acabe "descendo alegremente" para o campo da desordem; pelo contrário, essa atitude seria a mais provável, "segundo os costumes da família brasileira patriarcal"[9]. A observação de Candido refere-se especificamente à possibilidade de Leonardo vir a pular cerca depois de casado, buscando alguma Vidinha com quem formaria um casal suplementar. No entanto, a ideia contida na extrapolação pode ser entendida em termos mais amplos, de modo que seria possível sugerir uma visão prospectiva da história, seguindo a lógica da narrativa. (Note-se ainda que o próprio narrador faz menção a esse tempo posterior, chegando mesmo a aludir, no último parágrafo, a uma "enfiada de acontecimentos tristes que pouparemos aos leitores". De certo modo, é o próprio romance que convida à extrapolação, mantendo-se a dinâmica das reviravoltas; pois, se a narração é suspensa com uma "conclusão feliz", a ela se seguem "acontecimentos tristes".)

Retraduzindo a observação de Candido, digamos que ele estende a lógica da dialética de ordem e desordem para além do fim do romance; isto é, sugere que o movimento de alternância é incessan-

---

9. A. Candido, "Dialética da Malandragem", p. 41.

te: apoiado na lógica da forma social, seu raio de ação ultrapassa até mesmo o término da narração, reproduzindo-se indefinidamente. De acordo com a dinâmica das *Memórias*, o moto-contínuo da reversibilidade de norma e transgressão não encontra termo.

Dito de outro modo, o mais provável é que Leonardo, integrado à classe dominante, continue a transgredir a norma, só que agora com recursos amplos e com o amparo da força policial, além da autoridade própria adquirida com a riqueza e explicitada pelo posto de sargento de milícias. Nesse sentido, pode-se dizer que, no fecho do romance, a malandragem está restituída a seu lugar correto, pois é a classe proprietária que tem as condições efetivas de respeitar e desrespeitar a lei conforme a conveniência. Desse ângulo, a transgressão da norma deixaria de ser apenas uma estratégia de sobrevivência (necessária à reprodução da camada de homens livres pobres) e iria mostrar-se como puro arbítrio (dos proprietários) conjugado ao jogo de interesses.

Nesse ponto, contudo, ainda não se trata tanto de metamorfose ou mutação do malandro – a qual poderia ser apreendida em perspectiva histórica (a partir de outras manifestações e figurações da reversibilidade de norma e infração). O que se alterou, aqui, foi antes o foco do olhar: aquilo que antes parecia ser apanágio dos pobres passa a ser visto atuando também no âmbito da elite. Com esse reposicionamento social que corresponde à ascensão de Leonardo, o significado do comportamento astucioso se altera; a malandragem deixa de ter aparência simpática e passa a insinuar seus funcionamentos mais abjetos, ligados diretamente aos interesses da classe dominante. Embora essa dimensão não seja explorada narrativamente nas *Memórias*, é essa mudança na perspectiva social que definirá a metamorfose do malandro em elaborações literárias subsequentes (notadamente no *Brás Cubas*). Lembrando o arco temporal que as *Memórias* pretendiam cobrir (segundo o artigo da "Pacotilha"), pode-se dizer que, com essa mudança de posição social do malandro, Manuel Antônio parece anunciar que não estamos mais num momento anterior do passado, mas já estamos imersos no âmago do presente.

6

Considerações Finais

LIMITES DA MALANDRAGEM

Assemelhando-se ao esquema multissecular da astúcia do fraco que se opõe à força bruta do opressor, a malandragem apresenta um aspecto de insubordinação dos pobres ao poder estabelecido. Devido a isso, é compreensível que a infração da lei, própria ao comportamento malandro, tenha sido tomada como uma atitude de irreverência em relação à ordem vigente, confrontando as desigualdades sociais.

No entanto, para apreciar adequadamente o sentido histórico da reversibilidade de ordem e desordem, lícito e ilícito, norma e infração, é preciso observá-la no quadro específico do antagonismo de classes, que apresenta peculiaridades na sociedade brasileira escravista. Sem deixar de ser uma estratégia de sobrevivência de que se valem os pobres, a malandragem mostra ser também uma prática social que acaba contribuindo para a reprodução da lógica geral da sociedade, ou seja, do próprio sistema de relações que impõe condições desfavoráveis aos pobres.

Seria simpático, mas insuficiente, ver a astúcia malandra apenas como uma atitude de rebeldia dos pobres contra a opressão institucionalizada. Não apenas porque a própria opressão praticada pelos poderosos se apoia no desvio da lei (abstrata), mas também porque, no mundo social figurado no romance, a atitude de oposição dos pobres não se dirige unicamente contra o inimigo de classe[1]. Em outras palavras, a classe proprietária pratica infrações sistemáticas visando a seus interesses particularistas (o que, evidentemente, não produz nenhum efeito subversivo); além disso, o teor agressivo dos relacionamentos interpessoais se manifesta com mais frequência em conflitos envolvendo os próprios homens livres pobres do que em embates entre desvalidos e poderosos. Nessas condições, as desigualdades econômico-sociais estimulam as rixas entre pares, as quais acabam-se sobrepondo ao antagonismo de classes.

Como as *Memórias* mostram à exaustão, ao invés de reforçar os laços de coesão da camada intermediária ou de conduzir ao acirramento da luta entre pobres e proprietários, os constrangimentos da sobrevivência no interior da sociedade fraturada produzem rivalidades dos pobres entre si, as quais só se resolvem (imaginariamente) por meio da reafirmação das desigualdades sociais, e não de sua supressão. Nisso consiste a dimensão sombria da malandragem que o romance de Manuel Antônio desvela, colocando em primeiro plano os conflitos decorrentes do espírito rixoso generalizado, cuja mola é o desejo de supremacia, atrelada à compensação imaginária.

Para o pobre, no universo das *Memórias*, não há meios de opor-se aos poderosos senão buscando tirar vantagem pessoal

---

1. Talvez seja útil notar aqui um contraste: no contexto das relações de trabalho estabelecidas nos países avançados, até mesmo o tradicional *charivari* podia ser utilizado pelos trabalhadores como ataque metonímico ao inimigo de classe, como se vê no "grande massacre de gatos" estudado por Robert Darnton (ver *O Grande Massacre de Gatos e Outros Episódios da História Cultural Francesa*, Rio de Janeiro, Graal, 1986, cap. 2). O riso nas *Memórias*, embora por vezes seja dirigido contra o poderoso Vidigal, nem sempre se articula tão claramente ao antagonismo de classe.

no interior das relações de desigualdade da sociedade escravista-clientelista. Nesse sentido, o eventual triunfo pessoal do pobre não deixa de ser também o seu fracasso no plano coletivo, pois a luta pela sobrevivência acaba por contribuir para a reprodução da ordem social que o oprime. Assim se reforça a situação de beco-sem-saída em que se encontra o homem livre pobre na sociedade escravista.

Vista desse ângulo, a malandragem permite redimensionar a questão da alienação e da possibilidade de alterar as relações de injustiça próprias à ordem escravista-clientelista. A dependência no universo do clientelismo já foi vista (por Maria Sylvia de Carvalho Franco) como parte de um sistema de dominação sem brechas, que impedia o homem pobre de tomar consciência da própria situação. Enredado nas relações de favor, o dependente experimentaria a dominação como uma graça, de modo que ele mesmo realimentava a cadeia de lealdades que o prendia aos poderosos. Desse modo, "sua sujeição foi suportada como benefício recebido com gratidão e como autoridade voluntariamente aceita"[2], o que o impediria de perceber a estrutura de domínio e submissão em que estava enredado.

Contudo, talvez seja exagerado dizer que o sistema de dominação pessoal vigente no Brasil oitocentista eliminava por completo a possibilidade de o dependente tomar consciência das condições mais diretas de sua existência social. É certo que as relações de favor também produzem efeitos específicos de alienação, mas, como a amplitude das rivalidades sugere, nem sempre a conjunção de mando e obediência aparecerá ao dependente como "inclinação de vontades no mesmo sentido"[3].

No enfrentamento do malandro com o poderoso, o favor não é entendido como dádiva, e a divergência de interesses é ressaltada. O surpreendente é que, mesmo assim, reforçam-se os laços de dependência (e a lógica do sistema no conjunto), pois o benefício concedido pelo poderoso aparece como ganho con-

---

2. M. S. de C. Franco, *Homens Livres na Ordem Escravocrata*, p. 104.

3. *Idem*, p. 88.

quistado pelo malandro. Para o malandro, a vantagem consiste em tirar proveito da relação com um proprietário ou outra instância de poder sem sentir-se obrigado à contraprestação (como ocorre na relação de favor propriamente dita). Na imaginação do malandro, a submissão ao poder passa a ser o próprio êxito e funciona como motivo de satisfação. Desse modo, a dependência e a cooptação são vivenciadas como o próprio triunfo do malandro: a sua posição subalterna se inverte e transforma-se em superioridade presumida.

Daí um resultado inesperado: à oposição direta aos poderosos não corresponde uma atitude mais realista, em que a situação objetiva da dependência emergisse à consciência com nitidez. Pelo contrário, a compensação imaginária parece atuar com mais intensidade na irreverência do malandro do que no conformismo do agregado (assim, Tomás da Sé sabe manter-se em "posição neutral" para assegurar sua condição de agregado, ao passo que Leonardo afronta os outros sem consideração pela necessidade de garantir os próprios meios de existência material no futuro). Se não há acirramento do antagonismo de classes na sociedade escravista-clientelista, isso não se deve (apenas) à falta de consciência dos dependentes acerca da própria situação. A percepção da divergência de interesses existe, mas ela parece não contribuir para inspirar nos pobres o desejo de modificar as relações vigentes. Como a própria revolta assume feição pessoal e não de classe, as diferenças sociais acabam estimulando antes o desejo de obter vantagens no interior das relações de desigualdade (ao invés de transformá-las).

Isso se mostra de maneira mais palpável nas rivalidades entre os que se encontram na mesma condição, pois, nesse âmbito, a busca de alguma supremacia, real ou imaginária, permite a um homem pobre diferenciar-se de seus semelhantes. Nesse sentido, a desigualdade social não se mostra somente como algo que contribui para a intensificação do antagonismo de classe, como à primeira vista o confronto dos pobres com o poder encarnado na polícia poderia fazer crer; sob o domínio da compensação

CONSIDERAÇÕES FINAIS   147

imaginária, o triunfo numa rixa depende da confirmação e da reduplicação das desigualdades existentes.

Isso explica por que, nas *Memórias*, o próprio embate dos pobres com os poderosos parece ser apenas uma rivalidade entre outras, sem traduzir-se num desejo de modificar o quadro de iniquidades. Assim, por exemplo, quando Leonardo escapa de Vidigal (t. 2, cap. XIII), o que está em jogo não é mais a lei e sua transgressão, e sim a disputa pessoal, o enfrentamento direto entre duas pessoas, em busca da supremacia sobre o outro. Aprisionados nessa ordem social, os homens pobres, que compõem justamente a parte fraca da ordenação iníqua, só encontram como estratégia de sobrevivência a reafirmação das desigualdades, colocando-se imaginariamente em posições de supremacia em relação aos demais. Em lugar do desejo de abolir os desníveis econômico-sociais, a reprodução das clivagens é que aparece como a própria salvação: a reconfirmação das desigualdades surge como condição para assegurar a reprodução da própria existência material.

De seu lado, a classe proprietária, abandonando os desvalidos à própria sorte, procura assimilar as formas avançadas do progresso (na medida de seus interesses) ao mesmo tempo em que cultiva as relações tradicionais. A incorporação do progresso não erradica as relações de desigualdade, mas as mantém e as revigora. Com isso, fecham-se as possibilidades ou perspectivas de mudança. Também aí, tudo parece conduzir à perpetuação dos modos de relacionamento cujo núcleo se formara na Colônia.

A essa configuração peculiar das forças sociais em conflito liga-se uma das principais dificuldades da análise que intentamos realizar, pois a figuração do mundo social no romance muitas vezes leva a uma perspectiva que parece colada a uma visão conservadora. Ao invés de destacar na vida dos pobres os modos de sociabilidade que contrariam as acusações ideológicas de vadiagem e indisciplina, o padrão das rivalidades e a falta de laços de união entre os homens pertencentes à mesma camada social (aspectos explorados por Manuel Antônio) poderiam dar a impressão de que se confirma a opinião conservadora de que a vida popular é o lugar da desordem e da baderna, devendo por isso ser controlada por uma polícia vigilante.

Lembrando que o "desvio" ou "atraso" da sociedade de matriz colonial é ele mesmo um resultado do desenvolvimento do capitalismo, cabe notar que os relacionamentos figurados nas *Memórias* não indicam uma simples oposição entre os impulsos da "natureza humana" e a tendência repressiva da civilização. A perspectiva do romance de Manuel Antônio distancia-se do viés conservador em que a vida dos pobres é entendida como um reduto da anticivilização. A inclinação generalizada para as rixas está embasada na própria lógica da sociedade marcada por clivagens profundas. Não se trata de uma tendência "natural" dos pobres que, abandonados a si mesmos, entregam-se a paixões violentas, mas sim de um padrão de comportamento socialmente mediado – e em última instância determinado pela evolução moderna da economia. O que as peculiaridades das *Memórias* apreendem é a dimensão contraditória da própria civilização, cujo fundamento incivil, tanto na periferia quanto no centro, deixa entrever o núcleo de violência próprio aos movimentos de expansão do capitalismo.

FORMA E IRREALIZAÇÃO

Ao tratar da função do romance como instrumento de descoberta e interpretação, Antonio Candido afirma que, em sua "ânsia topográfica de apalpar todo o país", o romance romântico cumpriu a função de elaborar literariamente a variedade regional e cultural encontrada no território brasileiro. Mas o crítico assinala também que essa tendência, em que o espraiamento geográfico tomava o lugar do aprofundamento de questões psicológicas e sociais, "é ao mesmo tempo documento eloquente da rarefação na densidade espiritual"[4]. O comentário de Candido sugere que, apesar do papel importante que o romance ro-

---

4. A. Candido, *Formação da Literatura Brasileira*, vol. 2, p. 101.

CONSIDERAÇÕES FINAIS 149

mântico desempenhou, ampliando a visão da terra e do homem brasileiros, sua vocação extensiva seria também um sintoma de certa falta de complexidade e desenvolvimento da própria sociedade brasileira, cuja situação de "atraso" é considerada pouco favorável ao florescimento do romance nos termos do modelo definido nos países avançados[5].

Esse vínculo elementar da forma romance com certo desenvolvimento especificamente moderno da sociedade, que se manifestava de modo diverso no Brasil, já se faz notar numa observação de Lúcia Miguel-Pereira, em cujas considerações Antonio Candido parece apoiar-se no capítulo sobre o romance romântico brasileiro: "Sendo de todos os gêneros literários o que mais diretamente se nutre da vida de relação, dificilmente poderia o romance atingir a culminância numa sociedade sem estratificações profundas, de fraca densidade espiritual"[6].

Também Sérgio Buarque concorda com essa observação de Lúcia Miguel-Pereira, e explicita o problema do desajuste, apontando, nas sociedades "atrasadas" de matriz colonial, uma incompatibilidade entre a forma importada e a matéria social local. Buscando especificar os problemas enfrentados pelos escritores periféricos, o crítico pondera que as instituições sociais do Novo Mundo, "onde tudo era praticamente informe", só podiam fornecer "matéria tênue e instável". Essa circunstância exigiria, da parte dos escritores, um esforço redobrado de discriminação e pré-elaboração do material a ser trabalhado. Contudo, diz Sérgio Buarque, o resultado real não foi o trabalho de superação dos obstáculos postos pelas condições desfavoráveis: "a maioria [dos romancistas] apegou-se a expedientes que lhes serviam antes

---

5. "Numa sociedade pouco urbanizada [...] e portanto ainda caracterizada por uma rede pouco vária de relações sociais, o romance não poderia realmente jogar-se desde logo ao estudo das complicações psicológicas. [...] Na sociedade brasileira, até o começo do século xix, a estratificação simples dos grupos familiais, regidos por padrões uniformes e superpostos à escravaria e aos desclassificados, não propiciava, no interior da classe dominante, a multiplicidade das dúvidas e opções morais" (A. Candido, *Formação da Literatura Brasileira*, vol. 2, p. 100).

6. L. Miguel-Pereira, *Prosa de Ficção*, 2. ed., Rio de Janeiro, José Olympio, 1957, p. 15.

para escamotear as dificuldades do que para enfrentá-las com soberana decisão"[7]. (Também Antonio Candido toca na questão do descompasso entre a forma importada e as condições periféricas ao tratar da "dupla fidelidade" dos escritores, atentos à realidade local e simultaneamente aos modelos importados[8].)

De outro ângulo, mas apoiando-se em *Raízes do Brasil*, Augusto Meyer examina os romances de Alencar e vê as inconsistências de sua obra como indicadores de uma vacuidade que é coletiva, e não só do autor[9]. Esse "vazio brasileiro" ou "tenuidade da consciência nacional" seria decorrente da ausência de tradições sedimentadas, que produzia o sentimento de desterro cultural. A isso se liga a impressão de certo artificialismo das obras nacionais, em que "há talvez mais engenho e arte que poesia e verdade". Com efeito, um resultado da sensação de vazio nos habitantes desse país "onde tudo é ainda conjectural, problemático e conjugado no futuro", seria a "exacerbação da vontade de afirmar-se". Na visão de Meyer, o "instinto de nacionalidade" ainda seria somente uma "vaga aspiração em busca de forma"[10].

---

7. Ver S. B. de Holanda, *O Espírito e a Letra*, São Paulo, Companhia das Letras, 1996, vol. II, p. 191; referências diretas ao estudo de Lúcia Miguel-Pereira encontram-se às pp. 192, 266-267, 330. (Há também uma resenha escrita por S. Buarque, publicada em *Folha da Manhã*, 7 de junho de 1950. <http://www1.folha.uol.com.br/folha/almanaque/ilustrada_07jun1950.htm>) Embora cite com aprovação o trecho de Lúcia Miguel-Pereira sobre o romance, S. Buarque manifesta discordância quanto à relação um pouco mecânica que a autora estabelece entre o surgimento da obra de Machado de Assis e um suposto desenvolvimento do meio social; para ele, a obra de Machado surge apesar da falta de desenvolvimento.

8. A. Candido, *Formação da Literatura Brasileira*, vol. II, p. 104; ver também "Literatura de Dois Gumes", em *A Educação pela Noite*, p. 179.

9. "Que é o caso literário de Alencar [...] senão a comprovação desse mesmo *vazio*, da tenuidade brasileira manifestada em nosso complexo de inferioridade diante do formidável legado da cultura ocidental, em nossa pobre literatura de remediados e acomodados, de bacharéis de Coimbra e saudosistas de Paris, todos eles exilados em sua terra?" (A. Meyer, "Alencar", em *Textos Críticos*, São Paulo, Perspectiva/INL, 1986, p. 304).

10. A. Meyer, "Alencar", pp. 295-306. Adicionalmente, vale lembrar que J. L. Lafetá faz referência à observação de Meyer, mas a parafraseia com termos mais próximos dos de Antonio Candido: "rarefação da vida social" no Brasil do século XIX ("Comentários de João Luiz Lafetá (debatedor)", em A. Eulálio, *Escritos*, Campinas/São Paulo, Ed. Unicamp/Ed. Unesp, 1992, p. 130).

De diferentes maneiras, essas considerações críticas abordam problemas que gravitam em torno de uma questão fundamental: o desajuste entre as condições da sociedade brasileira e as formas (literárias, culturais, políticas, jurídicas etc.) moldadas nos países avançados. Com variados graus de autoconsciência e de autocrítica em diferentes momentos históricos, o pensamento brasileiro é constantemente atravessado pelas dificuldades suscitadas por esse descompasso constitutivo. De modo geral, o efeito mais comum talvez seja o sentimento de inferioridade, mas por vezes as inferioridades aparecem também (compensatoriamente) como vantagem, sobretudo nos momentos de euforia nacionalista.

Para o que nos interessa, convém destacar que, nas observações críticas mencionadas acima, constata-se certa distância, aparentemente intransponível, entre as possibilidades reais oferecidas pelo Brasil no século XIX e o modelo prestigioso da forma romance, que se fundava numa organização socioeconômica diversa da que se encontrava no país. Daí o sentimento de que, naquele momento histórico em que os primeiros romancistas brasileiros começaram a escrever ficção em prosa, não havia condições para a plena realização do romance por aqui, o que explicaria a relativa inexpressividade das obras dos escritores que precederam Machado de Assis.

Uma observação de Lúcia Miguel Pereira sobre as *Memórias de um Sargento de Milícias* é eloquente a esse respeito. Segundo ela, "Manuel Antônio de Almeida foi antes um cronista com imaginação e estupenda capacidade de reproduzir cenas e traçar retratos do que um romancista completo, um criador de pessoas tiradas do plano da vida, mas que só no plano da arte adquirem toda a sua significação"[11]. Como se vê, o comentário é desfavorável, acusando na obra de Manuel Antônio uma espécie de mimese pré-artística, que não alcançaria a realização plena da forma romance. Apesar disso, no entanto, não deixa de ser acertada a percepção de que as *Memórias*, ao se embasarem na vida social brasileira, discrepam do modelo do romance burguês.

---

11. L. Miguel-Pereira, *Prosa de Ficção*, p. 76.

A dificuldade está em compreender o sentido histórico dessa discrepância. Na visão de Lúcia Miguel-Pereira, o descompasso aparece como inferioridade, pois a obra não atinge o padrão almejado (nos termos românticos do desejo de criação do romance nacional). A rigor, contudo, Manuel Antônio não está tentando transpor a forma importada do romance (burguês) para as condições locais, mas compondo uma narrativa a partir da matéria local, entregando-se a seu ritmo próprio. E justamente por isso consegue elaborar um princípio formal alicerçado na dinâmica dos relacionamentos específicos ao desenvolvimento histórico da sociedade brasileira. Correndo por fora, Manuel Antônio acaba chegando mais perto de realizar o intuito deliberadamente buscado (em vão) pela maioria de seus contemporâneos. Em outras palavras, a discrepância em relação ao modelo também pode ser um elemento de força estética.

Tentemos definir melhor o lugar em que se situam as *Memórias* no processo de desenvolvimento histórico da forma romance no Brasil. No momento em que se dá a colisão da forma avançada do romance (burguês) com a matéria social local, o descompasso resultante (isto é, o fato de o romance nacional não se equiparar ao modelo desejado) tende a ser considerado desfavoravelmente para o país "atrasado" – pois indica que a sociedade brasileira não cumpre o padrão estabelecido pela civilização moderna. No entanto, o descompasso assinala também que o conteúdo "atrasado", definido pelas relações sociais que (do ponto de vista do desenvolvimento histórico dos países centrais) pareciam estar condenadas a desaparecer, acaba colocando em questão a própria forma avançada recebida da Europa.

Nesse sentido, mesmo sendo uma percepção (até certo ponto) correta, dizer que a sociedade brasileira não fornecia matéria adequada para a realização do romance é ainda dizer pouco. É certo que a matéria não-burguesa local não poderia favorecer a criação do romance nos moldes burgueses, mas nem por isso o romance se mostraria inteiramente impraticável aqui. Em princípio, nenhuma matéria é inferior a outra, e, sem ser propriamente uma vantagem, a posição da sociedade periférica no sistema mundial fornece um prisma através do qual a experiência histórica da atualidade é apreendida a partir de um ângulo revelador, em que o formalismo da civilização moderna se deixa entrever.

Para isso, no entanto, seria necessária a elaboração do material em toda a sua complexidade, não mais entendido simplesmente como uma matéria "pura", intocada pelas formas estrangeiras, às quais não consegue amalgamar-se sem apresentar descompassos. *O desajuste não é apenas um resultado da colisão das formas importadas com a matéria local, mas é ele próprio constitutivo da matéria brasileira.* Uma elaboração adequada da forma romance (à maneira periférica) implicaria, assim, o domínio artístico de um material que incluísse, entre seus elementos, as formas "avançadas" enquanto formas inefetivas. Ou seja, era preciso alcançar uma forma que elaborasse não apenas a incompatibilidade dos princípios divergentes, mas também a peculiar compatibilidade dos incompatíveis – mas para isso seria preciso esperar pela obra madura de Machado de Assis (como mostrou Roberto Schwarz).

Qual seria, então, o lugar das *Memórias de um Sargento de Milícias* nesse desenvolvimento? Explorando comicamente a ironia objetiva das contradições da sociedade brasileira, em que a assimilação do progresso esbarra nas clivagens internas (de raízes coloniais), as *Memórias* captam um momento significativo da experiência histórica: pondo a nu a dimensão contraditória da modernização, a narrativa aponta para a inefetividade das formas avançadas (originárias dos países centrais), ainda que, no plano da representação, elas não apareçam em sua vacuidade de maneira ampla, pois, nas *Memórias*, a dimensão contemporânea encarnada nas modernidades europeias é uma referência implícita, e não um elemento ativo da vida popular.

O recuo da narração para o passado favorece a discriminação e o esmiuçamento das relações locais "atrasadas" (pouco permeadas pelas presunções de modernidade). Além disso, o jogo temporal que acompanha esse recuo sugere a manutenção de relacionamentos próprios àquele passado, apontando para o fato de que o progresso desejado pelos brasileiros não se havia efetivado no presente. Simultaneamente, contudo, esse mesmo olhar para o passado dificulta a incorporação em larga escala da experiência da atualidade, bem como a apreensão do caráter deslocado das formas adiantadas atuando na periferia, pois o funcionamento peculiar do progresso nas condições locais não é um elemento presente no plano da representação das *Memórias*, apresentando-se apenas de maneira indireta e alusiva no jogo passado-presente (além disso, no âmbito da construção narrativa, a questão se coloca só muito discretamente, no modo como o andamento da narrativa discrepa do ritmo próprio ao romance burguês de corte biográfico).

Assim, é preciso reconhecer também que a composição das *Memórias* não recupera, no trabalho formal, o resultado para o qual sua matéria histórico-social aponta. Isto é: como efeito da comicidade, o romance de Manuel Antônio produz uma insinuação, de forte teor crítico, de que as formas avançadas e prestigiosas não se haviam efetivado na prática; no entanto, esse resultado não é ele mesmo elaborado enquanto traço propriamente formal. Do ponto de vista do desenvolvimento das formas, talvez seja este o limite último das *Memórias*, o qual é menos uma limitação do autor do que uma impossibilidade posta pelas condições históricas, já que, no tempo de Manuel Antônio, a crença no (futuro) desenvolvimento efetivo da nação ainda parecia ser uma perspectiva plausível e as consequências inócuas ou nefastas da assimilação do progresso (cujos benefícios estavam restritos à elite) talvez ainda não se mostrassem em toda a sua dimensão destrutiva. (De outro ângulo, esse efeito crítico já é um avanço considerável, pois nas *Memórias* o desajuste não aparece como resultado involuntário, mas como um problema buscado deliberadamente para a produção da comicidade.)

A narrativa de Manuel Antônio é parte importante do processo de formação do romance no Brasil, mas, devido aos impasses históricos do momento em que foi produzida, não encontra a realização plena das exigências postas pelas condições periféricas, isto é, não alcança uma forma que se assume em sua impossibilidade de seguir o modelo formal do romance burguês, o que exigiria incorporar as formas "adiantadas" na qualidade de formas falidas. O romance periférico só alcançaria realização acabada enquanto forma autoconsciente (de sua própria impossibilidade), que sabe que não pode realizar-se exatamente nos termos da forma burguesa mais avançada. (E isso só seria realizado na obra madura de Machado de Assis.)

Ainda assim, a exploração cômica das contradições e dos desajustes nas *Memórias* consegue produzir um resultado que seria inalcançável por meio da simples tentativa de transpor a forma então mais avançada do realismo sério: elaborando como princípio formal a reversibilidade de contrários que não encontra termo, as *Memórias* se mostram como um verdadeiro "romance em moto-contínuo" (para lembrar a expressão de Antonio Candido), cujo movimento aponta para a autorreprodução incessante, sem previsão de término.

Diante da persistência renitente de desigualdades e injustiças no âmago da vida social do presente, continuamos a rir com a comicidade das *Memórias*, talvez porque, não tendo havido, e sem perspectivas de haver, superação das relações iníquas no domínio prático, o movimento não se completa e, assim, não acabamos de nos separar (alegremente?) de nosso passado.

Excursos

1

Balanço da Crítica

O mais importante estudo que se escreveu sobre as *Memórias de um Sargento de Milícias* é reconhecidamente o ensaio "Dialética da Malandragem" (1970), de Antonio Candido[1], que marca o ponto culminante da crítica sobre o romance de Manuel Antônio de Almeida. Apoiando-se em considerações críticas precedentes e buscando refutá-las ou superá-las, Candido apresenta uma interpretação poderosa, cuja contribuição maior prende-se à investigação do sentido histórico de sua forma.

Boa parte da discussão anterior (e mesmo da posterior) ao ensaio de Candido girava em torno do lugar das *Memórias* na tradição literária. Limitados ao intuito de filiar e rotular, muitos críticos se detiveram na tentativa de classificar a obra conforme as categorias tradicionais – isto é, a-históricas –, fazendo-o, frequentemente, em termos mais ou me-

---

1. A. Candido, "Dialética da Malandragem", em *O Discurso e a Cidade*, pp. 19-54.

nos sumários. Mesmo assim, as diferentes apreciações, por vezes contraditórias, de algum modo assinalam elementos que contribuem para a compreensão do romance, desde que entendidos como aspectos parciais que, tomados no conjunto, indicam os pontos específicos em que as *Memórias* produziram curto-circuito nas categorias estabelecidas da crítica, exigindo explicação mais refletida sobre as peculiaridades do romance. Assim, vale a pena passar em revista os pontos principais em que a crítica balançou.

A minguada repercussão das *Memórias* entre seus contemporâneos indica que o romance foi pouco apreciado pela crítica de seu tempo, embora talvez tenha chegado a ter certa popularidade junto ao público[2]. Escritos em sua maior parte por antigos conhecidos e amigos do escritor, os comentários da época sobre Manuel Antônio (fala-se mais dele do que de sua obra) são marcados por certo tom condescendente. Os textos exaltam a pessoa do escritor, atribuindo-lhe um grande talento que, no entanto, não se refletiria na obra que deixou: são frequentes as referências a Manuel Antônio como uma promessa impedida de brilhar devido à morte precoce, mais do que como um escritor que já tivesse produzido uma obra importante[3].

---

2. O romance recebeu uma edição clandestina em 1862; em 1862-1863, foi publicada a segunda edição oficial, que teria sido revista por Machado de Assis, na "Biblioteca Brasileira", dirigida por Quintino Bocaiúva. Ver M. Rebelo, *Bibliografia de Manuel Antônio de Almeida*, Rio de Janeiro, INL, 1951.

3. Por exemplo: para Augusto Emílio Zaluar, as *Memórias* são um "notável *ensaio* do romance nacional". ("Manuel Antônio de Almeida" [1862], em M. A. de Almeida, *Obra Dispersa*, p. 132, grifo meu). Bethencourt da Silva diz que o escritor não teria deixado "um trabalho condigno ou que pelo menos daguerreotipasse, de um modo determinado e justo, a sua muita inteligência e facílissima compreensão"; para ele, nas *Memórias* "o talento de Manuel Antônio de Almeida apenas de leve se estampou" ("Introdução Literária" [1876], em M. A. de Almeida, *Memórias de um Sargento de Milícias*, ed. Jarouche, p. 358). No *Ano Biográfico Brasileiro* (1876), Macedo registra que as *Memórias* são "um estudo ameno e precioso de antigos costumes do país", que "brilhou como aurora promissora de fulgurante dia" ("Manuel Antônio de Almeida", em M. A. de Almeida, *Obra Dispersa*, p. 145). Significativamente, só Machado de Assis observa sem hesitar que "os seus escritos estão cheios das melhores qualidades de um escritor formado" ("Comentários da Semana", 11.12.1861, em M. A. de Almeida, *Obra Dispersa*, pp. 121-122).

Essa atitude complacente, que neste caso envolvia uma incompreensão, era comum entre os intelectuais do país jovem e ligava-se ao desejo de afirmar as potenciais grandezas da literatura nacional ainda em construção, compensando imaginariamente o inevitável sentimento de inferioridade provocado pelas reduzidas realizações concretas[4]. Ao mesmo tempo, naqueles comentários está implícito o juízo de que as *Memórias* não passariam de uma tentativa malograda de romance nacional. Os textos sugerem o sentimento de que havia certa desconformidade entre a obra de Manuel Antônio e o modelo prestigioso de romance que se prezava na época e que se buscava transplantar para o Brasil, acrescentando-lhe um toque de cor local: o romance de enredo romântico-folhetinesco[5].

Somente no final do século XIX, a partir de José Veríssimo[6], as *Memórias* passaram a ser mais largamente valorizadas pela crítica, como que prenunciando o crescimento de sua popularidade. Foi o crítico paraense que assentou uma visão sobre as *Memórias* que teria longa vigência na fortuna crítica do romance. A singularidade da obra, que anteriormente havia sido motivo de desapreço, agora era convertida em virtude. Segundo Veríssimo, o romance de Manuel Antônio não só não teria predecessores como também seria uma espécie de precursor do Realismo e do Naturalismo[7]. Com

---

4. Sobre a vigência, no Brasil, do mito da grandeza literária que não pôde ou não teve tempo de realizar-se, ver A. Candido, *Formação da Literatura Brasileira*, vol. I, pp. 223-224.

5. Bethencourt da Silva não deixa dúvidas: com o intuito de prevenir o leitor, ele lamenta que nas *Memórias* não se encontrem "as belezas, às vezes maléficas, de Eugênio Sue ou os naturalíssimos entrechos da robusta concepção de Alexandre Dumas" (p. 359).

6. J. Veríssimo, "Um Velho Romance Brasileiro" (c1894), em *Estudos Brazileiros*, segunda série (1889-1893), Rio de Janeiro, Laemmert, 1894, pp. 107-124. O texto foi parcialmente reaproveitado numa "Introdução literária" ao romance (1900), transcrita sob o título "Só lhe Falta Ser bem Escrito", em M. A. de Almeida, *Obra Dispersa*, pp. 159-163.

7. A ideia é repetida por Ronald de Carvalho, Agripino Grieco, José Osório de Oliveira e Otto Maria Carpeaux. O próprio Antonio Candido acatara essa opinião em seus artigos de juventude (por ex., "O Nosso Romance antes de 1920", *Literatura e Sociedade*, São Paulo, DTLLC-FFLCH-USP, n. 5, 2000, p. 213).

isso, o crítico supunha explicar por que as *Memórias*, com sua temática popular e cotidiana, não granjearam maior reputação em seu próprio tempo, em que dominava o gosto romântico pelo sentimental, pelo pitoresco e pelo grandioso.

Em 1941, Mário de Andrade[8] contestou a opinião corrente acerca da ausência de filiações e do caráter precursor atribuído ao romance de Manuel Antônio. A seu ver, as *Memórias* pertenceriam a certa tradição descontínua de obras que surgem à margem das literaturas de seu tempo, como a antiga narrativa em prosa latina e a novela picaresca. Numa simplificação do argumento de Mário, desenvolveu-se depois dele uma tendência a vincular as *Memórias* à picaresca[9]. Ao associar o romance de Manuel Antônio àquela modalidade narrativa espanhola dos séculos XVI e XVII, os críticos dessa vertente apoiavam-se na organização episódica do romance, deixando de vê-la como defeito e passando a encará-la como recurso narrativo válido, mas sob o preço de agrilhoar as *Memórias* a um rótulo confortável que no entanto pouco esclarece quanto à especificidade da obra.

Assim, tendo sido considerado precursor do Realismo e continuador da picaresca, o romance de Manuel Antonio foi associado tanto ao futuro quanto ao passado, mas não ao seu próprio tempo. Essa oscilação, talvez a mais flagrante da crítica sobre as *Memórias*, aponta para direções contrárias, mas as duas leituras baseiam-se numa visão a-histórica das formas e dos modos de representar, e disso decorre o limitado alcance dos resultados críticos colhidos em ambas as tendências.

---

8. M. de Andrade, "Memórias de um Sargento de Milícias", em *Aspectos da Literatura Brasileira*, pp. 125-139.

9. É o caso de Eduardo Frieiro, Josué Montello, Eugênio Gomes, O. M. Carpeaux e, mais recentemente, Mário González. Vale registrar que, num breve panorama escrito em 1961 para o leitor estrangeiro, Antonio Candido afirma cautelosamente que as *Memórias* prendem-se, em parte, à picaresca tradicional; contudo, em suas considerações já se vislumbra a semente da interpretação desenvolvida em "Dialética da Malandragem" (cf. *Introducción a la Literatura de Brasil*, Caracas, Monte Ávila, 1968, p. 34).

Em contraste com essas discussões, Antonio Candido procurou situar as *Memórias* na tradição nacional, vinculando-as a certo veio realista existente no interior do Romantismo brasileiro, bem como a algumas modalidades de escrita cômica que se manifestavam no jornalismo, no teatro e na poesia[10]. Posicionando-se contra a filiação à picaresca e ao Realismo de escola, o crítico sugeriu a possibilidade de se pensar numa outra modalidade de realismo. Para isso, Candido mostrou que a profundidade social do romance não está na dimensão documentária, mas no fato de ele "ser construído segundo o ritmo geral da sociedade, vista através de um de seus setores"[11]. Examinando as movimentações dos personagens entre as esferas do lícito e do ilícito, o crítico elaborou sua leitura em torno da identificação de uma "dialética de ordem e desordem" como princípio organizador da obra. Argumentando que esse princípio pertence tanto ao plano do real quanto ao plano da ficção, Candido mostrou a correspondência existente entre a estrutura do romance e a dinâmica social e, desse modo, desvendou o básico do segredo formal das *Memórias*.

Essa percepção, em que reside a principal contribuição da leitura de Candido, apresenta um grau de generalidade que permitiu ao crítico identificar toda uma tradição literária da malandragem, cujas expressões máximas seriam *Macunaíma*, de Mário de Andrade, e *Serafim Ponte Grande*, de Oswald de Andrade. A linha malandra da literatura brasileira, que as *Memórias* inauguram no campo do romance, é marcada por certo tipo de comicidade fundada nas implicações daquela "dialética de ordem e desordem", que Antonio Candido mostra convincente-

---

10. A. Candido, "Manuel Antônio de Almeida: O Romance em Moto-contínuo", em *Formação da Literatura Brasileira*, vol. II, pp. 195-199 e, sobretudo, "Dialética da Malandragem".

11. A. Candido, "Dialética da Malandragem", p. 45. Com isso, aliás, Candido contraria frontalmente o juízo de Sílvio Romero, que valoriza o teor documental: "O autor tinha em alta dose o talento de observar os costumes do povo e é por isso que seu livro lhe sobreviveu" (S. Romero, *História da Literatura Brasileira*, 6. ed., Rio de Janeiro, José Olympio, 1960, vol. 5, p. 1479).

mente ser um resultado, no âmbito dos modos de convivência, do processo de formação histórico-social do país[12].

Voltando às oscilações da crítica, assinale-se que, no conjunto, elas registram aspectos contraditórios entre si, e isso possivelmente não se deve apenas às orientações teóricas diversas, e sim à peculiaridade da própria obra, cuja eficácia literária decorre justamente do efeito cômico obtido com a exploração de contradições do mundo social figurado. Talvez por isso o romance de Manuel Antônio tenha favorecido, em diferentes momentos históricos, leituras divergentes e até opostas.

Observe-se, primeiramente, a mudança de ênfase quanto ao teor nacional do romance. Para Veríssimo, a obra de Manuel Antônio era um dos romances que "dariam uma mais forte impressão de nacionalismo", devido ao "real talento de observação" do autor[13]. Mas não foi esse o efeito causado aos contemporâneos de Manuel Antônio – em plena voga do nacionalismo particularista –, ainda que o elemento documentário das *Memórias* sempre tenha sido constatado. Para além das alterações de gosto e de critérios de avaliação ocorridas entre a época romântica e a de José Veríssimo, a disparidade da recepção indica que o desapreço pelo romance em seu tempo não se deveu apenas ao assunto, mas principalmente à sua elaboração particular.

12. Cumpre notar que, embora Candido não mencione o fundo violento implicado nas relações entre os personagens das *Memórias*, ele mesmo havia estudado outra vertente da literatura brasileira – a das representações do jaguncismo – em que é central a irrupção da violência ligada à reversibilidade de legalidade e transgressão. Talvez não seja exagerado sugerir que, na figuração literária do país, a violência que se manifesta explicitamente entre os homens livres pobres do sertão pode iluminar algo da violência abafada que se encontra no âmbito urbano abarcado pelas *Memórias*. Ver A. Candido, "Jagunços Mineiros de Cláudio a Guimarães Rosa" (1966), em *Vários Escritos*, pp. 133-160; ver também J. A. Pasta Jr., "O Romance de Rosa", pp. 61-70.

13. "Um Velho Romance Brasileiro", pp. 108 e 116. Veríssimo fala aqui em "sentimento e intuição nacional" (p. 106), "íntimo e natural nacionalismo" (p. 116), talvez interpretando a seu modo aquele "sentimento íntimo" de nacionalismo interior postulado por Machado de Assis no artigo "Notícia da Atual Literatura Brasileira – Instinto de Nacionalidade" (1873), que o crítico conhecia e prezava (cf. J. Veríssimo, *História da Literatura Brasileira*, pp. 276 e 288).

Como é sabido, a presença da cor local balizava os critérios romântico-nacionalistas. Na linguagem da época, "cor local" designava as singularidades do Brasil em que a classe dominante podia reconhecer-se (relações tradicionais de molde familista) ou que ela podia exaltar, assumindo uma perspectiva "moderna" (pitoresco), com vistas à definição de uma identidade nacional autocongratulatória (a qual se sobrepunha às clivagens sociais reais)[14]. Percebe-se facilmente que notação localista é o que não falta às *Memórias*, mas isso é ainda dizer pouco, pois Manuel Antônio submetia a cor local a um tratamento que em grande parte destoava da atitude predominante.

Se entendermos o "talento de observação", não como uma suposta habilidade de reproduzir "fotograficamente" a realidade, mas sim como capacidade de discernir a ironia objetiva das situações, pode-se dizer que Manuel Antônio o possuía agudamente (alguns de seus artigos jornalísticos dão testemunho disso). Captando contradições que emergiam da colisão do ideário "avançado" com as práticas "atrasadas", essa ironia objetiva foi explorada na dimensão cômica das *Memórias*, tendo provocado reações contrastantes da crítica.

Em 1872, Manuel Antônio Major comenta de maneira sintomática a comicidade das *Memórias*. A seu ver, o modo cômico do autor teria algo de ferino e, significativamente, seria um *defeito* do romance: "na apreciação das usanças do país o poeta toma de Scarron aquele sorriso satírico e mordaz que magoa e aflige". Isso, para concluir: "Mas suma-se o senão, o *Sargento de Milícias* alevanta-se como um monumento da literatura nacional"[15], sendo que o "senão" é nada menos do que a comicidade que atravessa o romance de ponta a ponta, e à qual as *Memórias* devem muito de sua força.

Pouco depois, em 1876, Bethencourt da Silva escreve que as *Memórias* são "uma página eloquente da nossa vida democrática e dos vícios e descuidos de gente boa, embora perdida pela

---

14. Sobre a questão da cor local relacionada com a identidade nacional, ver R. Schwarz, Intervenção em debate com Antonio Risério, pp. 180-190.

15. M. A. Major, "Perfis literários", em M. A. de Almeida, *Memórias de um Sargento de Milícias*, ed. Jarouche, p. 345.

166 ERA NO TEMPO DO REI

falta de amor ao trabalho". Com viés moralista, ele comenta os "vícios" que vê retratados nos personagens e termina seu texto imaginando que o romance de Manuel Antônio será lido "no lar do pobre ou no serão distinto da família, *entre risos e comentários maliciosos*"[16]. Para ele, as *Memórias* apresentariam um trato carinhoso das tradições populares e, ao mesmo tempo, exporiam os "erros" da gente pobre, cujo modo de vida seria próprio à época colonial, que B. da Silva julgava já ultrapassada pelo desenvolvimento do Brasil independente.

Esses comentários sugerem que, para os contemporâneos de Manuel Antônio, a comicidade do romance estaria mais próxima da sátira, apontando para a condenação tácita dos comportamentos, num procedimento assemelhado ao da crítica de costumes. Isso indica que as especificidades brasileiras figuradas no romance não seriam lisonjeiras para a vaidade nacionalista e por isso a obra não se prestava ao posto de bom romance nacional, ainda que os costumes antigos pudessem provocar também sentimentos saudosistas e idealizações da vida popular[17].

De outra perspectiva, Mário de Andrade condena a maneira cômica pela qual Manuel Antônio retrata o povo: a seu ver, o autor "se diverte caçoando, [...] sem a menor lembrança de valorizar as classes ínfimas"; "o artista não guardou nenhuma piedade pela pobreza, nenhuma compreensão carinhosa do sofrimento baixo e dos humildes. Bandeou-se com armas e bagagens para a aristocracia do espírito"[18].

16. F. J. B. da Silva, "Introdução Literária", em M. A. de Almeida, *Memórias de um Sargento de Milícias*, ed. Jarouche, pp. 363 e 374, grifo meu.
17. Algo parecido ainda ressoa em observações pontuais de alguns críticos posteriores, como Olívio Montenegro, que considera uma imperfeição do romance o "excesso arbitrário de humor", afirmando que "não são essas sátiras que vão dar vigor e real interesse às *Memórias*, e sim o que elas exprimem de fatos e cenas que se estampam com uma naturalidade infantil" (*O Romance Brasileiro*, 2. ed., Rio de Janeiro, José Olympio, 1953, pp. 69 e 64).
18. M. de Andrade, "Memórias de um sargento de milícias", pp. 138-139. Paulo Rónai considera exagerada a afirmação de Mário, uma vez que nas *Memórias* a sátira não se volta apenas contra os pobres, mas contra todos sem exceção ("Préface", M. A. de Almeida, *Mémoires d'un sergent de la milice*, Rio de Janeiro, Atlântica, 1944, p. 7).

Uma mudança de ênfase ocorre com Darcy Damasceno[19]. Por meio da análise estilística, o crítico procura argumentar que há maior afetividade linguística nas referências aos pobres, ao passo que haveria maior grau de ironia nas caracterizações de personagens situados mais acima no estrato social.

Antonio Candido, citando o artigo de Damasceno, aponta a visão tolerante do narrador das *Memórias*, que manifestaria simpatia pelo povo que retrata. Nisso, a posição de Candido contrasta com a reação de Mário, a qual decorre de suas concepções sobre a função do artista e do intelectual, que não excluem certo teor paternalista de fundo cristão. Esse contraste de leituras, ambas apoiadas em elementos internos ao romance, sinaliza o lugar central das contradições em sua estruturação.

Com efeito, a interpretação crítica, sobretudo a que se estabelece acrescentando camadas de sentido que por assim dizer passam a fazer parte da obra, geralmente tem base em elementos estruturais do romance, não sendo simples invenção do crítico (ainda que a inventividade da imaginação crítica seja decisiva para o resultado interpretativo). Digamos então que o fato de a prosa das *Memórias* apoiar-se em contradições acabou favorecendo, em momentos históricos diversos, interpretações que enfatizavam aspectos diferentes, direcionando a leitura para sentidos opostos[20].

Ao invés de explorar até o fim as contradições em que se apoia o efeito cômico das *Memórias*, Candido acaba deslocando o acento para a ideia de que o romance apresenta uma imagem graciosa e afável do país. A malandragem, com sua irreverência e amoralidade, acaba sendo vista pelo crítico como característica nacional positiva e, além disso, permite-lhe expressar uma aposta política (que, como se sabe, não foi confirmada pelo curso da História): embora possa provocar sentimento de infe-

---

19. D. Damasceno, "A Afetividade Linguística nas *Memórias de um Sargento de Milícias*", *Revista Brasileira de Filologia*, Rio de Janeiro, vol. 2, tomo II, dezembro de 1956, pp. 155-177.

20. Ver, a propósito, as considerações de Antonio Candido sobre a recepção do *Caramuru*, de Santa Rita Durão, pela crítica romântica ("Estrutura Literária e Função Histórica", em *Literatura e Sociedade*, pp. 169-192).

rioridade em confronto com as sociedades capitalistas nutridas de valores puritanos, dizia Candido, "facilitará a nossa inserção num mundo eventualmente aberto"[21].

Para tentar compreender as razões objetivas desse movimento interpretativo de Antonio Candido e dos limites que lhe correspondem, cabe recordar algumas observações de Roberto Schwarz, que sublinhou as qualidades superiores de "Dialética da Malandragem", mas não deixou de indicar alguns reparos[22].

Analisando o ensaio, Schwarz identificou certa oscilação do próprio ponto de vista de Antonio Candido, que se inclina ora para a especificação histórico-social, ora para o *ethos* cultural: "a dialética de ordem e desordem é construída inicialmente enquanto experiência e perspectiva de um setor social, num quadro de antagonismo de classes historicamente determinado. Ao passo que noutro momento ela é o *modo de ser* brasileiro, isto é, um traço cultural"[23]. Assim, não só o comportamento malandro é visto pelo ângulo de suas vantagens, como ele é transformado em fator positivo e geral da sociedade brasileira.

Ainda segundo Schwarz, essa operação teria a qualidade de elevar a questão levantada pelo romance "ao âmbito das grandes opções da história contemporânea"[24], mas também implicava o abandono da análise histórica que vinha-se efetuando. Considerando que a redação do ensaio deve ter ocorrido entre 1964 e o AI-5, Schwarz assinala que a aposta de Candido na malandragem seria um modo de responder à modernização brutal então em curso. Contudo, a modernização pós-1964 participava ela também da dialética de ordem e desordem, o que indicaria que "só no plano dos traços culturais malandragem e capitalismo se opõem"[25]. Desse modo, a relativa adesão de Candido à visão que

---

21. A. Candido, "Dialética da Malandragem", p. 53.
22. R. Schwarz, "Pressupostos, salvo Engano, de 'Dialética da Malandragem'", em *Que Horas São?*, pp. 129-155; "Outra Capitu", em *Duas Meninas*, pp. 132-135. Ver também P. Arantes, *Sentimento da Dialética*.
23. R. Schwarz, "Pressupostos, salvo Engano, de 'Dialética da Malandragem'", p. 150.
24. *Idem*, p. 151.
25. *Idem*, p. 154.

identifica no romance resultava na atenuação crítica da interpretação da atualidade: "a leitura da ficção sobre fundo real e vice-
-versa encontra o seu limite, do lado real, na simpatia de Antonio Candido pelo universo que estuda"[26] – restando, acrescentemos, investigar o limite do outro lado: o da leitura da ficção.

Para além das circunstâncias em que se deu a redação da
"Dialética da Malandragem", é útil assinalar também que as concepções críticas de Candido e o seu modo de ver o Brasil se for-
maram num ambiente intelectual fortemente impregnado pelas
ideias estético-políticas do Modernismo brasileiro[27]. Candido
também assinalou que só depois do Modernismo as *Memórias*
encontraram "a glória e o favor dos leitores"[28], o que pode ser
tomado como indício que reforça a convergência de sua leitura
com certa sensibilidade definida naquela época.

Apenas para indicar essa afinidade, convém lembrar as pistas
fornecidas por Schwarz a respeito das perspectivas e impasses da
tradição modernista. O crítico indica que a poesia oswaldiana
aponta para uma espécie de utopia, apresentada com postura irre-
verente e despida de sentimento de inferioridade: o desajuste entre
padrões burgueses e realidades derivadas do patriarcado rural é
tomado por Oswald de Andrade como indício de certa inocên-
cia brasileira que, combinada à técnica de vanguarda, possibilitaria
um rumo histórico alternativo, evitando as alienações da civilização moderna; isto é, o progresso material permitiria "saltar da
sociedade pré-burguesa diretamente ao paraíso". Mas, vista com
distanciamento histórico, a mesma utopia deixa transparecer certa
ingenuidade e ufanismo, pois a conjunção de substrato arcaico e
modernidade, elevada a símbolo nacional, ligava-se às prerrogativas da superioridade do próprio poeta que mostra o que é o Brasil;

---

26. *Idem*, p. 152.
27. Ver as observações de V. Dantas nessa direção. "Entrevista com Vinicius Dantas",
    Vintém, São Paulo, n. 5, 2004, pp. 16-17.
28. A. Candido, "Dialética da Malandragem", p. 53. A contabilidade das edições do
    romance e o crescimento da popularidade do romance depois do Modernismo
    foram indicados por O. M. Carpeaux, *Pequena Bibliografia da Literatura Brasi-
    leira*, Rio de Janeiro, Edições de Ouro, s.d., p. 179.

170 ERA NO TEMPO DO REI

daí o "progressismo acomodatício" da visão oswaldiana, análogo
ao da oligarquia cafeeira, que combinava a atualização cosmopolita
no campo cultural e o conservadorismo no âmbito doméstico[29].
Problemas semelhantes se revelam no projeto estético-político
de Mário de Andrade, que apresentava diferenças substanciais em
relação à utopia oswaldiana, mas estava preso às mesmas coordenadas. Reconhecendo a intenção progressista da mistura mário-
-andradina de transgressão vanguardista e propósito edificante,
Schwarz assinala que, embora fosse admirável do ponto de vista
da ambição de crítica às alienações da moderna civilização burguesa, seu gesto apostava também numa "hipótese política pouco
viável". Com efeito, Mário revelava certa nostalgia de uma ordem
comunitária, em que teria papel central a informalidade popular;
esta serviria para denunciar o caráter antipopular e inculto do padrão culto do país, suscitando sua substituição por outro padrão.
Contudo, Mário colocava um pé no paternalismo na medida em
que a reforma implicada em seu gesto vanguardista era dirigido
antes de mais nada às classes cultivadas: caberia a elas estabelecer uma aliança com o campo popular, abrindo caminho para
o desenvolvimento fundado no eixo interno. Tratava-se de um
projeto de integração cultural, em que o molde familista e a informalidade tomavam o lugar da política[30]. Desse modo, ainda nas
palavras de Schwarz, Mário e o Modernismo brasileiro acabavam
apresentando, em seus projetos estético-culturais, uma sensibilidade (dominante até 1964) segundo a qual a elite brasileira, com
abertura para o povo, iria resolver os problemas do país[31].

29. Ver R. Schwarz, "A Carroça, o Bonde e o Poeta Modernista" e "Nacional por
Subtração", em *Que Horas São?*, pp. 11-27 e 37-38; "Discutindo com Alfredo Bosi",
em *Sequências Brasileiras*, pp. 68-69.
30. R. Schwarz, "Outra Capitu", em *Duas Meninas*, pp. 138-141; "O Progresso anti-
gamente", em *Que Horas São?*, p. 108. Como contraponto, Schwarz indica que,
na obra de Machado de Assis, "a nossa informalidade cotidiana, tão simpática
e cheia de promessas, em que volta e meia se fundam as esperanças de autorre-
forma do Brasil patriarcal, mostra o desvalimento em que se encontra o campo
fraco na hora da verdade" ("Outra Capitu", p. 110).
31. R. Schwarz, "Conversa sobre *Duas Meninas*", em *Sequências Brasileiras*, p. 234.
Sobre a vigência dessa visão na vida intelectual brasileira, ver L. F. de Alencastro,
"O Fardo dos Bacharéis".

As condições histórico-sociais em que se ancora a excitação dos modernistas com as possibilidades futuras do país ligam-se ao início dos esforços de industrialização, comandados pelo Estado, que abria um novo ciclo de produção, pondo fim (pelo menos em parte) ao modelo anterior, baseado no trabalho forçado e semiforçado:

Conforme se tornavam desnecessárias à economia, as relações sociais e formas culturais de que se compunha a civilização colonial eram colocadas em disponibilidade e viravam objeto de ponderação estético-política. Ficava suscitada a questão de seu valor em circunstâncias modernas, ou mesmo do valor das próprias circunstâncias modernas. Naqueles anos, marcados pela crise da ordem liberal e capitalista, pelo fascismo e pela Revolução Soviética, os traços não burgueses decorrentes de séculos de segregação apareciam à imaginação sob prismas inesperados. Além de obstáculos ao progresso, figuravam também como inspiração e base presente para um futuro melhor, despido das alienações contemporâneas. Nesse sentido note-se a promessa de naturalidade e graça que a sujeição apenas parcial do povo ao dinheiro, à gramática normativa, a modalidades modernas do trabalho, ao Estado, à Igreja oficial etc. parecia encerrar para os modernistas[32].

A distância no tempo torna mais palpável o lado ilusório das ideias modernistas, isto é, faz perceber que a matéria histórica em que os modernistas brasileiros depositaram as esperanças utópicas não cumpriu o destino que eles lhe atribuíam, como a reação de 1964 viria mostrar: "Sem prejuízo da graça e do alento utópico, o nosso fundo não burguês se mostrou apto, também, a servir de legitimação ao capitalismo sem lei nem cidadania trilhado no país"[33]. Isso explica por que, no dizer de Schwarz, "as perspectivas sociais de 'Dialética da Malandragem' sofrem o comentário impiedoso da atualidade"[34].

32. R. Schwarz, "Discutindo com Alfredo Bosi", p. 69.
33. *Idem*, p. 70.
34. R. Schwarz, "Pressupostos...", p. 152.

Os limites da avaliação de Antonio Candido sobre as perspectivas históricas se evidenciariam, segundo Schwarz, na comparação das *Memórias* com *A Letra Escarlate*, de Hawthorne. Notando que o quadro comparatista montado por Candido pressupõe histórias nacionais separadas, Schwarz lembra o desenvolvimento desigual e combinado do capitalismo, que levaria a considerar as nações sem confiná-las às suas fronteiras geográficas, antes entendendo-as em sua história comum, sob a égide do capital[35]. Dessa perspectiva, o que viria à frente não seria a integração do país ao concerto das nações nem a contribuição local à diversidade das culturas, mas sim a "história da má-formação nacional, como instância da marcha grotesca ou catastrófica do capital"[36].

Com a falência da industrialização desenvolvimentista diante das novas condições de concorrência econômica internacional, o processo não pôde ter prosseguimento: a industrialização não atingiu escala nacional, e não houve criação de empregos na proporção prometida. Como resultado, as populações deslocadas para os centros urbanos não foram absorvidas no âmbito da produção e não foram integradas à esfera da cidadania; retiradas do enquadramento antigo e sem ter para onde ir, foram transformadas em "ex-proletários virtuais", abandonadas pelo capital e deixadas ao deus-dará. Elas encontram-se agora em condição histórica nova: são "sujeitos monetários sem dinheiro", que vivem de serviços informais, frequentemente à margem da legalidade, e disponíveis para todo tipo de contravenção, num quadro em que formas alternativas de trabalho, o tráfico de drogas e várias modalidades de fanatismo passam a representar maneiras de reinserção no novo contexto das sociedades "pós-catastróficas", cuja dinâmica é a desagregação. Foi-se o tempo em que a incorporação dos pobres, mesmo como força de trabalho quase gratuita, parecia um imperativo econômico. Hoje, a vitória do capital sobre o trabalho parece

---

35. *Idem*, p. 153.
36. R. Schwarz, "Duas Notas sobre Machado de Assis", em *Que Horas São?*, p. 169.

lançar cores sombrias sobre as utopias modernistas fundadas no substrato pré-burguês[37].

Quando Antonio Candido escreveu seu ensaio, o quadro histórico estava, em parte, modificado: no novo ciclo pós-1964, a modernização conservadora mostrava sua face destrutiva e não se prestava à euforia. Mas permanecia a tendência a interpretar vantajosamente as características do "atraso" nacional. Desvinculando-se da dimensão técnica do progresso – que décadas antes propiciara as misturas modernistas, mas agora tomava rumos nada utópicos –, restava o modo de convivência astuciosa do povo, que dá a tônica na leitura candidiana das *Memórias*.

Contudo, ao fazer da malandragem não mais um tipo de convivência restrito à camada de homens livres pobres, elevando-a a modo de ser nacional, Candido não deixava de captar um dado da realidade, pois indicava a generalização do comportamento malandro: a reversibilidade de norma e infração efetivamente perpassava a sociedade brasileira de alto a baixo, não sendo apenas um modo de convivência exclusivo dos pobres. De certo modo, poderiam ser minimizados os perigos do culturalismo a-histórico ligados a essa generalização, desde que se distinguissem os sentidos diversos que a reversibilidade de ordem e desordem podia adquirir conforme a posição social de seu agente. Em outras palavras, o caráter simpático da malandragem deve-se menos à infração em si mesma do que à extração social dos personagens das *Memórias* (e às relações de poder implicadas), pois, para o pobre, a esperteza era um dos poucos meios disponíveis para a sobrevivência nas situações desfavoráveis, como eram as geradas pela ordem escravista

---

37. Ver R. Schwarz, "Fim de Século" e "O Livro Audacioso de Kurz", em *Sequências Brasileiras*, pp. 159-160 e 182-188; Entrevista a E. Corredor, *Literatura e Sociedade*, São Paulo, DTLLC-FFLCH-USP, n. 6, 2001-2002, pp. 17-18. As expressões entre aspas são de Robert Kurz, *O Colapso da Modernização*, Rio de Janeiro, Paz e Terra, 1993. Para uma análise da situação atual, ver F. de Oliveira, "O Ornitorrinco", em *Crítica à Razão Dualista / O Ornitorrinco*. São Paulo, Boitempo, 2003, pp. 121-150; ver também P. Arantes, "A Fratura Brasileira do Mundo", em *Zero à Esquerda*, pp. 25-77.

174 ERA NO TEMPO DO REI

em país de economia exportadora. Mas também a elite exercia uma espécie de malandragem para garantir seus interesses, no mesmo passo em que mantinha os pobres fora do circuito dos benefícios do progresso.

De outro ângulo, o comportamento instável fundado na reversão de norma e infração era antes próprio à classe dominante, que efetivamente dispunha dos meios materiais para praticar arbitrariedades e alternar norma e infração conforme a conveniência. Nas condições decorrentes do progresso que repunha continuamente o atraso para reproduzir-se, aos pobres só restava desenvolver estratégias de sobrevivência *no interior* das relações estabelecidas, às quais não tinham como escapar. No quadro das condições adversas a que estão submetidos os pobres, é compreensível que a astúcia infratora, usada contra a lei e as arbitrariedades que os oprimem, pudesse adquirir sinal positivo; mas nem por isso a esperteza e a sem-cerimônia dos proprietários ou dos representantes da lei – que se traduzem em abuso e mandonismo – tornam-se mais simpáticas por serem transgressões da norma. Nesse sentido, a malandragem apresentava ela mesma uma dimensão dúplice, podendo adquirir feição simpática ou abjeta – mas sempre atrelada às relações tradicionais cristalizadas na Colônia.

Assim, embora a identificação da reversibilidade de ordem e desordem como aspecto característico da formação histórica brasileira tenha sido uma contribuição crítico-teórica verdadeiramente inestimável em poder de revelação, seu funcionamento específico só pode ser compreendido em vista da forma particular que o antagonismo de classe toma no Brasil.

A aposta candidiana na virtualidade utópica de modos de sociabilidade gerados na Colônia, como já notamos, abandona a questão do antagonismo na passagem da visada histórica à definição do *ethos* cultural (e é essa dimensão culturalista que pode realimentar, suponhamos, a valorização do momento afirmativo do ensaio de Candido pela crítica posterior, pronta a instrumentalizar a noção de malandragem como fator "revolucionário"). Com efeito, a imagem que Antonio Candido apresenta da sociedade brasileira, pelo menos nesse ensaio, acaba-se aproximando da concepção da história do país como sendo marcada pelo espírito conciliatório, ao invés de enfatizar a divergência de interesses das camadas dominada e dominante: "Não querendo constituir um grupo homogêneo e, em consequência, não precisando defendê-lo asperamente, a sociedade brasileira se abriu com maior largueza à penetração dos grupos dominados ou estranhos. E ganhou em flexibilidade o que perdeu em inteireza e coerência"[38].

Diante de tal concepção, talvez não seja exagerado dizer que o título da seção final do ensaio, "O Mundo sem Culpa", ecoa nada menos do que "O Mundo sem Mal", título de um capítulo de *Visão do Paraíso*, de Sérgio Buarque (ele próprio um modernista[39]). Ao invés de distanciar-se da visão que identifica como sendo a de Manuel Antônio (como faz o historiador em relação a seu objeto), Candido acaba aderindo a ela e descobre no Rio de Janeiro das *Memórias* um modo de ser nacional a que atribui sinal positivo, à maneira das utopias modernistas, que transformavam as "inferioridades" em "superioridades". Desse modo, talvez se possa dizer que o título da seção como que denuncia a presença de um motivo utópico-edênico do Modernismo – incluída a parte de ilusão – na aposta política de Candido ligada à sociabilidade própria ao substrato não-burguês; uma sociabilidade que se manifesta no campo popular, mas que é também o reverso complementar do descaramento da classe dominante: sendo indispensável para a sobrevivência dos pobres, a malandragem acaba por servir à reprodução da estrutura de iniquidades e opressões da qual eles são vítimas.

---

38. A. Candido, "Dialética da Malandragem", p. 51. Veja-se, como contraponto, a "Conclusão" de *Os Parceiros do Rio Bonito*, pp. 215-226.
39. Sérgio Milliet afirma que a função de "homem-ponte" entre a geração de 1922 e a geração de *Clima*, função que A. Candido havia atribuído a Milliet (cf. "O Ato Crítico", em *A Educação pela Noite*, p. 123; "Plataforma da Nova Geração", em *Textos de Intervenção*, pp. 243-244), caberia melhor a Sérgio Buarque (ver S. Milliet, "À Margem da Obra de Sérgio Buarque de Holanda", *Revista do Brasil*, Rio de Janeiro, ano 3, n. 6, 1987, p. 96).

Desse ângulo, as *Memórias* não apresentariam perspectivas de construção não-problemática do futuro nacional, sugerindo antes a perpetuação dos fatores estruturais profundos, apesar da eventual ascensão do pobre à esfera da "ordem" – ou precisamente por causa do modo como ela se dá. Com efeito, as *Memórias* também solicitam a consideração das alternativas disponíveis nas condições históricas a que se ligam; mas, diferentemente da euforia romântica (reeditada em outras condições no Modernismo), Manuel Antônio talvez fosse mais cético quanto às possibilidades históricas que se apresentavam em seu tempo, pois de algum modo percebia que o desenvolvimento da nação, tão desejado pelos brasileiros, estava longe de efetivar-se.

Para completar o balanço da crítica (e com intenção apenas indicativa), convém notar que, além de suscitar comentários que pouco acrescentam aos estudos já citados de Roberto Schwarz e de Paulo Arantes, o ensaio de Antonio Candido favoreceu também a instrumentalização da noção de malandragem pela crítica posterior, com diferentes propósitos e com graus variados de pertinência[40]. A tendência predominante (embora não única), nesses casos, é a utilização da noção como traço cultural nacional, a despeito das habituais precauções dos críticos. Nota-se também um desejo de estudar certas metamorfoses do malandro, tomando-se como ponto de partida o estereótipo definido pela tradição, ainda que a especificação histórica das mudanças nem sempre se concretize de maneira incisiva na análise das obras.

Mais recentemente, o crítico João Cezar de Castro Rocha[41] levou ao extremo essa questão, chegando mesmo a sugerir que o ensaio de Antonio Candido e as próprias *Memórias de um*

---

40. Ver bibliografia complementar. Note-se que nem todos os estudos listados ali – por sinal, bastante desiguais – são diretamente tributários do ensaio de Antonio Candido.

41. Ver seus artigos "Dialéticas em Colisão: Malandragem ou Marginalidade?", *Cultura Vozes*, Petrópolis, vol. 97, n. 1, janeiro-fevereiro de 2003, pp. 52-59; e "Dialética da Marginalidade: Caracterização da Cultura Brasileira Contemporânea", *Folha de São Paulo*, 29 de fevereiro de 2004, Caderno Mais!, pp. 4-8.

Sargento de Milícias teriam perdido a atualidade[42]. Para ele, ambos os textos (o de Manuel Antônio e o de Antonio Candido) estariam presos à visão conciliatória que tende a escamotear os conflitos, sugerindo uma imagem pacífica da nação; em contraste, Castro Rocha considera que a produção cultural brasileira recente desenha uma nova imagem do país, definida pela violência. Por isso, ele acredita que a "dialética da malandragem" teria sido substituída por certa "dialética da marginalidade"[43]. Sem alongarmo-nos nessa questão, digamos apenas que o esquema de Castro Rocha talvez simplifique excessivamente o problema, estabelecendo uma oposição rígida entre malandragem e marginalidade[44], a partir de uma perspectiva culturalista. Desse modo, seria proveitoso observar a violência contemporânea em suas várias dimensões, assim como seria útil colocá-la em perspectiva histórica, levando em consideração também a violência inscrita na própria malandragem e na tradicional lógica do favor.

42. É o que se depreende da pergunta com que o crítico conclui "Dialéticas em Colisão": "já não terá chegado a hora de tornar anacrônica [*sic*] a brilhante síntese de Manuel Antônio de Almeida?" (p. 58). Castro Rocha já anunciava a ideia em seu "Prólogo" às *Memorias de un Sargento de Milicias*, Montevideo, Uruguay, Ediciones de la Banda Oriental, 2002, pp. 7-12.

43. No âmbito do cinema, que serve de gancho a Castro Rocha para introduzir seu artigo "Dialética da Marginalidade", a substituição da figura do malandro pela do marginal já havia sido estudada, com objetivos diferentes, por Ismail Xavier, *Alegorias do Subdesenvolvimento*, São Paulo, Brasiliense, 1993, pp. 271-272.

44. Embora se tenha notabilizado por acentuar o caráter duplo da "cordialidade", traço cultural com que Sérgio Buarque caracterizou o brasileiro, Castro Rocha deixa de captar a dupla dimensão da malandragem, isto é, a interpenetração de astúcia e violência.

BIBLIOGRAFIA COMPLEMENTAR

AUGUSTO, Daniel. *"Madame Satã* e a Dialética do Malandro", *Trópico*, 11 de março de 2005. <http://p.php.uol.com.br/tropico/html/textos/2546,1.shl>

CISCATI, Márcia Regina. *Malandros da Terra do Trabalho: Malandragem e Boêmia na Cidade de São Paulo (1930-1950)*. São Paulo, Annablume / Fapesp, 2001.

DAMATTA, Roberto. *Carnavais, Malandros e Heróis: Para uma Sociologia do Dilema Brasileiro* [1979]. 6. ed. Rio de Janeiro, Rocco, 1997.

FARIA, João Roberto. "*A Lanterna Mágica*: Imagens da Malandragem, entre Literatura e Teatro". *In*: SALGUEIRO, Heliana Angotti (coord.). *A Comédia Urbana: De Daumier a Porto-Alegre*. São Paulo, FAAP, 2003, pp. 173-191.

FARINACCIO, Pascoal. "Revolução e Malandragem". *In: Serafim Ponte Grande e as dificuldades da crítica literária*. São Paulo, Ateliê / Fapesp, 2001, pp. 67-103.

GOTO, Roberto. *Malandragem Revisitada: Uma Leitura Ideológica de "Dialética da Malandragem"*. Campinas, Pontes, 1988.

GOUVEIA, Arturo. "A Malandragem Estrutural". *In*: FERNANDES, Rinaldo de (org.). *Chico Buarque do Brasil: Textos sobre as Canções, o Teatro e a Ficção de um Artista Brasileiro*. Rio de Janeiro, Garamond/Fundação Biblioteca Nacional, 2004, pp. 187-204. [Sobre *Ópera do Malandro*.]

JACKSON, K. David. "'O Brasileiro Abstrato': O Malandro como *Persona* Nacional". *In*: ROCHA, João Cezar de Castro (org.). *Nenhum Brasil Existe: Pequena Enciclopédia*. Rio de Janeiro, Topbooks / UniverCidade, 2003, pp. 883-901. [Sobre *Brás Cubas* e *João Miramar*.]

MACÊDO, Tania. "Malandragens nas Literaturas do Brasil e de Angola". *In*: CHAVES, Rita & MACÊDO, Tania (orgs.). *Literaturas em Movimento: Hibridismo Cultural e Exercício Crítico*. São Paulo, Arte & Ciência, 2003, pp. 233-249. [Sobre João Antônio, Luandino Vieira e Manuel Rui Monteiro.]

MAJADAS, Wania. "Alegria: Passarela da Malandragem". *Remate de Males*, Campinas: Departamento de Teoria Literária IEL-Unicamp, n. 19, 1999, pp. 139-146. [Sobre João Antônio.]

BALANÇO DA CRÍTICA 179

MATOS, Cláudia [Neiva de]. *Acertei no Milhar: Malandragem e Samba no Tempo de Getúlio*. Rio de Janeiro: Paz e Terra, 1982.

OLIVEN, Ruben George. "A Malandragem na Música Popular Brasileira". *Latin American Music Review / Revista de Música Latinoamericana*, vol. 5, n. 1. (Spring-Summer, 1984), pp. 66-96.

PACHECO, Ana Paula. "Graciliano e a Desordem". *In*: CEVASCO, Maria Elisa & OHATA, Milton (orgs.). *Um Crítico na Periferia do Capitalismo: Reflexões sobre a Obra de Roberto Schwarz*. São Paulo, Companhia das Letras, 2007, pp. 226-240.

ROCHA, João Cezar de Castro. "Dialéticas em colisão: malandragem ou marginalidade? Notas iniciais sobre a cena cultural contemporânea". *Cultura Vozes*, Petrópolis, vol. 97, n. 1, janeiro-fevereiro 2003, pp. 52-59.

_____. "Dialética da Marginalidade: Caracterização da Cultura Brasileira Contemporânea", *Folha de São Paulo*, 29 de fevereiro de 2004, Caderno Mais!, pp. 4-8.

_____. "The 'Dialectic of Marginality': Preliminary Notes on Brazilian Contemporary Culture". Centre for Brazilian Studies, University of Oxford, 2005. (Working Paper n. 62)

_____. "Prólogo". *In*: ALMEIDA, M. A. *Memorias de un Sargento de Milicias*. Montevideo, Uruguay: Ediciones de la Banda Oriental, 2002, pp. 7-12.

SALVADORI, Maria Ângela Borges. "Malandras Canções Brasileiras". *Revista Brasileira de História*, São Paulo, ANPUH/Marco Zero, vol. 7, n. 13: Cultura & Linguagens, setembro de 1986 / fevereiro de 1987, pp. 103-124.

SANDRONI, Carlos. *Feitiço Decente: Transformações no Samba no Rio de Janeiro (1917-1933)*. Rio de Janeiro, Jorge Zahar / Ed. UFRJ, 2001. [Devo a indicação deste livro a Walter Garcia.]

SANTOS, Wanderley Guilherme dos. "Malandro? Qual Malandro?". *In*: CAVALCANTE, Berenice; STARLING, Heloisa & EISENBERG, José (orgs.). *Decantando a República: Inventário Histórico e Político da Canção Popular Moderna Brasileira*. São Paulo/Rio de Janeiro, Fundação Perseu Abramo/Nova Fronteira, 2004, vol. 3, pp. 23-38.

SCHWARCZ, Lilia K. Moritz. "Complexo de Zé Carioca: Notas sobre uma Identidade Mestiça e Malandra". *Revista Brasileira de Ciências Sociais*, São Paulo, n. 29, ano 10, outubro de 1995, pp. 49-63.

_____. "Para Entender a Cultura Nacional". *O Estado de S. Paulo*, 08 de maio de 2005, Caderno 2/Cultura, p. D8. [Sobre "Dialética da Malandragem".]

SOUZA, Jessé. "As Metamorfoses do Malandro". *In*: CAVALCANTE, Berenice; STARLING, Heloisa & EISENBERG, José (orgs.). *Decantando a República: Inventário Histórico e político da canção popular moderna brasileira*. São Paulo/Rio de Janeiro, Fundação Perseu Abramo/Nova Fronteira, 2004. vol. 3, pp. 39-50.

VASCONCELLOS, Gilberto. "Yes, nós Temos Malandro". *In*: *Música Popular: De Olho na Fresta*. Rio de Janeiro, Graal, 1977, pp. 99-111.

_____ & SUZUKI Jr., Matinas. "A Malandragem e a Formação da Música Popular Brasileira" [1984]. *In*: FAUSTO, Boris (dir.). *História Geral da Civilização Brasileira*. Tomo III: *O Brasil Republicano*, vol. 4: Economia e Cultura (1930-1964). 3. ed. Rio de Janeiro, Bertrand Brasil, 1995. pp. 501-523.

WALDMAN, Berta. "De Vampiros, Malandros e Cafajestes". *In*: *Do Vampiro ao Cafajeste: Uma Leitura da Obra de Dalton Trevisan*. São Paulo/Curitiba, Hucitec/Secretaria da Cultura e do Esporte do Governo do Estado do Paraná, 1982. pp. 121-128.

XAVIER, Ismail. *Alegorias do Subdesenvolvimento: Cinema Novo, Tropicalismo, Cinema Marginal*. São Paulo, Brasiliense, 1993.

ZILLY, Berthold. "João Antônio e a Desconstrução da Malandragem". *In*: CHIAPPINI, Ligia; AGUIAR, Flávio & ZILLY, Berthold. (orgs.). *Brasil, País do Passado?* São Paulo, Boitempo/Edusp, 2000. pp. 173-194.

2

Manuel Antônio de Almeida e a Escravidão

A escravidão, pilar da economia colonial e do Brasil oitocentista, não comparece nas *Memórias de um Sargento de Milícias* como problema; é tratada simplesmente como uma questão de fato. Em contraste com os relatos de viajantes estrangeiros – para quem a presença maciça de escravos negros fazia com que o Rio de Janeiro pudesse ser confundido com alguma cidade africana[1] –, o romance de Manuel Antônio de Almeida apresenta pouquíssima referência a negros e mulatos. Mesmo no pano de fundo, que em outros aspectos tem forte caráter documental,

---

1. "Antes das dez da manhã, [...] os homens brancos se faziam raros pelas ruas e viam-se então os escravos madraceando à vontade [...]. Todos eles eram pretos, tanto homens como mulheres, e um estrangeiro que acontecesse de atravessar a cidade pelo meio do dia quase que poderia supor-se transplantado para o coração da África" (J. Luccock, *Notas sobre o Rio de Janeiro e Partes Meridionais do Brasil*, pp. 74-75). Outros relatos de teor semelhante são citados por L. M. Algranti (*O Feitor Ausente*, pp. 32-33). Ver também o poema em prosa de Gonçalves Dias, "Meditação", em *Poesia e Prosa Completas*, Rio de Janeiro, Nova Aguilar, 1998, p. 727.

a presença negra é exígua: afora o pardo Chico-Juca, só há breves referências a escravos e crias de D. Maria, que não chegam a cumprir papel relevante como personagens.

O episódio sobre a vida pregressa do compadre (t. 1, cap. IX) toca de leve no tema do tráfico negreiro, mas este aparece apenas como uma atividade comercial entre outras, sem que o foco se concentre nos próprios escravos, pois nada ali chama a atenção para o fato de que se trata de um comércio de seres humanos, e não de mercadorias quaisquer. O assunto principal é o enriquecimento do compadre, isto é, a maneira como ele se apropria ilicitamente da fortuna de um capitão de navio negreiro. Isso pode ser visto como uma indicação irônica de que o tráfico de escravos era uma atividade lucrativa (como de fato era), mas, apesar da nota significativa, não se trata propriamente de uma fixação ferina de um traço social (como, por exemplo, no retrato de Cotrim, de outras *Memórias*, que conjuga o traficante de escravos e o zeloso pai de família). Aqui, a ênfase recai sobre a malandragem do barbeiro que rouba o capitão, e não tanto sobre o modo como o capitão havia enriquecido. O que aparece como "escandaloso" é menos o comércio de escravos do que o roubo mesmo – e ainda assim a narração cômica apresenta um viés francamente simpático ao barbeiro.

A naturalidade com que o escravismo é apresentado acentua-se com o fato de que não há nenhuma menção à singularidade da época, o que poderia ser feito pelo simples acionamento irônico do jogo temporal – como ocorre em relação à organização da polícia[2] –, embora a lei de proibição do tráfico negreiro (4 de setembro de 1850) fosse contemporânea da escrita do romance. (Do ponto de vista "avançado", o tráfico negreiro deveria mostrar-se como especialmente condenável, uma vez que, àquela altura, o comércio negreiro estava assimilado à pirataria na legislação internacional.)

O que chama a atenção no episódio do "arranjei-me" do compadre é a deformação fabulatória, que parece levar ao extremo

---

2. "Nesse tempo ainda não estava organizada a polícia da cidade, ou antes estava-o de um modo em harmonia com as tendências e ideias da época" (p. 91).

MANUEL ANTÔNIO DE ALMEIDA E A ESCRAVIDÃO 183

uma tendência difusa no romance: a impregnação da narrativa pelo ar de fábula ou estória encantada – o aspecto fantasioso é tal que o episódio chega a assemelhar-se a um "romance familiar" (Freud) que se concretiza na vida do barbeiro. Distanciando-se, neste ponto, do procedimento documentário, à primeira vista as *Memórias* parecem recair naquela insistente tradição brasileira de ocultar, deliberadamente ou não, as mazelas sociais do país. Mas, para dimensionar adequadamente as implicações estéticas desse sumiço dos escravos no romance, vale a pena examinar a visão de Manuel Antônio sobre a escravidão.

Em dezembro de 1851, Manuel Antônio de Almeida estreou na imprensa publicando, no *Correio Mercantil*, um artigo intitulado "A Civilização dos Indígenas"[3]. Nele, Manuel Antônio discutia ideias de certo "Memorial orgânico" publicado na revista *Guanabara* em outubro/novembro[4]. O autor desse escrito, publicado anonimamente, era Francisco Adolfo de Varnhagen, futuro visconde de Porto Seguro, que, à época, ainda não publicara sua *História Geral do Brasil* (1854-1857), mas já havia conquistado reputação como historiador. É difícil dizer se o artigo de Manuel Antônio teve repercussão ampla, mas é certo que foi republicado no *Jornal do Commercio*, sob a rubrica "A Pedidos", em fevereiro do ano seguinte[5]. Marques Rebelo conjectura que Varnhagen não respondeu porque não se dignaria a dar satisfações a um

---

3. M. A. de Almeida, "Civilização dos Indígenas. Duas Palavras ao Autor do 'Memorial Orgânico'", em *Obra Dispersa*, pp. 7-13.

4. O "Memorial Orgânico" veio a público primeiramente em dois folhetos (1849, 1850), sem assinatura, impressos em Madri. Em 1851, foi republicado na revista *Guanabara*, editada por Paula Brito e dirigida por J. M. de Macedo, Gonçalves Dias e M. A. Porto Alegre. Trechos do "Memorial Orgânico" estão transcritos em M. A. de Almeida, *Obra Dispersa*, pp. 14-17.

5. A republicação do artigo se deu por iniciativa de certa "Sociedade contra o Tráfico de Africanos e Promotora da Colonização e da Civilização dos Indígenas", de que era membro Joaquim Francisco Alves Branco Muniz Barreto, proprietário do *Correio Mercantil*. Segundo M. M. Jarouche, esse grupo mantinha um jornal, *O Filantropo*, "cujos textos combinam, candidamente, o mais implícito humanitarismo com o racismo mais explícito" (*Sob o Império da Letra*, p. 88, n. 192).

184   ERA NO TEMPO DO REI

mero estudante, mas, a julgar pelo retrato que dele faz Sérgio Buarque[6], é de estranhar que o historiador não tivesse revidado. A questão discutida por Manuel Antônio naquele artigo diz respeito à proposta de Varnhagen de reabilitar as bandeiras para "civilizar" os índios e "tutelá-los". Trata-se, é claro, de uma tentativa de justificar ideologicamente a captura de índios para o trabalho servil, em substituição aos escravos africanos, num contexto em que a proibição efetiva do tráfico negreiro era iminente e se concretizaria naquele mesmo ano de 1850, com a lei Eusébio de Queirós[7].

Armado de ideais ilustrados, Manuel Antônio sai a campo para combater a proposta de Varnhagen. No artigo, Manuel Antônio expõe suas opiniões sobre a escravidão de africanos, evocada para argumentar contra a "tutela" de índios. Como o texto é pouco comentado pela crítica, apesar de acessível há muito[8], vale a pena citar alguns trechos em que se aborda a questão da escravidão de africanos:

6. "Varnhagen não foi um espírito ameno e, como temesse sempre que alguém pudesse fazer sombra aos seus altos méritos, costumava tolerar mal oficiais do mesmo ofício. O que nos resta de sua correspondência particular mostra-o constantemente eriçado contra detratores reais ou imaginários, e ciumento de glórias e glóriolas que não se achassem a seu alcance" (S. B. de Holanda, "O Fardo do Homem Branco", em *Livro dos Prefácios*, p. 152). O retrato é endossado por N. Odália, "Introdução", *Varnhagen*. São Paulo, Ática, 1979, p. 4. Mais tarde, a questão indígena renderia um passe de armas com João Francisco Lisboa, o Tímon maranhense; ver J. F. Lisboa, "A Escravidão e Varnhagen", em *Crônica Política do Império*. Rio de Janeiro/ Brasília, Francisco Alves/INL, 1984, pp. 231-276. Sobre a polêmica, ver B. Ricupero, *O Romantismo e a Ideia de Nação*.

7. A discussão sobre o fim do tráfico de escravos e o problema da mão de obra era antiga; o próprio projeto de lei, finalmente emendado e aprovado em 1850, é de 1837. Ver E. Viotti da Costa, *Da Senzala à Colônia*, cap. I. Como se sabe, o período 1845 – 1850 marca também o acirramento do cerco inglês contra o tráfico negreiro, ocorrendo apresamentos de embarcações, inclusive em águas brasileiras.

8. O artigo foi transcrito integralmente por Marques Rebelo em *Vida e Obra de Manuel Antônio de Almeida* (1. ed., 1943; 2. ed., São Paulo, Martins, 1963, pp. 25-35), na *Bibliografia de Manuel Antônio de Almeida* (1951, pp. 15-25) e na antologia *Para Conhecer Melhor Manuel Antônio de Almeida* (Rio de Janeiro: Bloch, 1973, pp. 113--123). "A Civilização dos Indígenas" pode ser encontrada hoje em *Obra Dispersa*, pp. 7-13. Rebelo reproduz o artigo a partir da republicação no *Jornal do Commercio*; há pequenas diferenças no texto das versões transcritas por Rebelo e por Mendonça.

O autor [do "Memorial Orgânico"] pede o restabelecimento das *bandeiras*; isto é, quer dar, a qualquer que disso tenha vontade, o direito de armar-se e partir em uma correria sanguinária a buscar no meio dos bosques quem trabalhe em sua fazenda, ou quem sirva em sua casa. O mesmo que se vai hoje praticar-se na costa d'África quer o autor que se pratique dentro do império. Hoje um capitalista ambicioso tripula um navio e manda-o, à custa de muitos riscos e trabalhos, buscar uma centena de negros em Guiné; todos sabem até que ponto chega o embrutecimento dos que se empregam nesse cruel trabalho, todos os horrorosos padecimentos a que eles sujeitam esses infelizes, vítimas da cobiça: amontoadas no estreito porão de um navio, homens, mulheres, velhos e crianças, todos os dias durante a viagem o mar recebe uns tantos que a nostalgia, a fome, a sede, a falta de ar, porque tudo sofrem eles aí, entregaram à morte; e não é só os mortos, que {o mar} recebe: se o navio periga, se ao longe no horizonte aparecem as velas do cruzeiro*, se escasseiam os alimentos, abre-se a escotilha, e o navio lança ao mar às vezes quase toda a sua carga!... Pois bem, alguma coisa que bem se parece com isso há de produzir-se com o restabelecimento das *bandeiras*. Para tripular um navio negreiro é mister empregar um grosso capital com o risco de o ver perdido pelo cruzeiro; para armar uma *bandeira* basta juntar cem homens, mesmo escravos, cem ambiciosos, cem vadios, porque ninguém que o tenha deixará seu emprego para ir a essa horrível caçada de gente e partir... partir sem medo de cruzeiros, partir com carta de marca ou autorização da presidência, porque não quer o autor, para maior escândalo, que falte a essas levas de sangue o caráter oficial!

[...]

Depois da guerra, dissemos nós, o autor quer para os índios a escravidão, mas não tendo coragem de pedi-la abertamente, disfarça-a, acrescentamos, com o nome de *tutela* ou *protetorado*. Em verdade, quem será tão ingênuo que não compreenda o que é uma tutela desse gênero, que recebe por paga o serviço do tutelado? Não é assim uma coisa semelhante a essa *distribuição* de africanos chamados *livres* que se fazia aqui

---

* Como se sabe, desde o *bill* Aberdeen, aprovado pelo Parlamento inglês em 1845, cruzeiros ingleses passaram a apresar embarcações utilizadas no tráfico negreiro.

há tempos no Rio de Janeiro, quando era capturado algum navio negreiro?* O que é um tutor com direito ao trabalho do tutelado?

[...]

O autor, apesar de conhecer os princípios liberais e os sentimentos de bom senso do publicista Vatel**, não o acha muito humano, e pede que o sejamos nós mais do que ele; quer que *eduquemos à força os nossos selvagens, e que quinze anos depois, quando já não precisem mais de tutela, façamos deles prestantes cidadãos e bons cristãos!*

Não podemos conter a indignação diante de semelhante doutrina; é o maior escândalo que se pode fazer ao bom senso!... Quinze anos de humilhação, quinze anos de sujeição aos ferros, ao tronco, ao azorrague, para fazer um bom cidadão! Há de ser realmente um cidadão digno de toda a consideração aquele que se apresentar na sociedade com o corpo lanhado pelo azorrague, embrutecido pelos maus-tratos, arrastando consigo as cadeias de quinze anos de escravidão! Não se diga que carregamos aqui a pena; que isso não há de suceder, porque as tutorias só serão dadas a pessoas de reconhecida probidade. Todos conhecem o poder dos hábitos e dos costumes; estão entre nós em maioria as pessoas que sendo de um trato social o mais delicado, incapazes de se envolverem em transações menos honestas, bons e devotos cristãos, tratam com uma dureza bem censurável seus subordinados e escravos[9].

---

* A lei de 7 de novembro de 1831 proibiu o tráfico de escravos no Brasil, considerando-se livres os indivíduos desembarcados no país a partir daquela data. Desnecessário lembrar que o tráfico continuou clandestinamente, chegando mesmo a intensificar-se, junto com o crescimento da lavoura cafeeira e, embora juridicamente livres, os africanos continuaram a ser vendidos como escravos. No caso de apresamento de embarcações usadas no tráfico, seu carregamento era confiscado, e os africanos eram distribuídos entre estabelecimentos públicos e ministros, senadores e deputados do Império para serem "tutelados" até que pudessem ser reconduzidos à África – algo que nunca acontecia.

** Emerich de Vattel (1714-1767), diplomata e jurista suíço, autor de *Droit des gens, ou Principes de la loi naturelle appliqués à la conduite et aux affaires des nations et des souverains* (1758). É considerado um dos fundadores do Direito internacional moderno e inspirador do Liberalismo.

9. M. A. de Almeida, "A Civilização dos Indígenas", em *Obra Dispersa*, pp. 10-13. Fiz uma pequena emenda, indicada entre chaves, com base na versão publicada por M. Rebelo. As notas apostas ao trecho citado são minhas.

No tocante ao estilo, a entonação irônica e mordaz com que Manuel Antônio escreve ("Há de ser realmente um cidadão digno de toda a consideração" etc.) já anuncia o tom predominante nos comentários do narrador das *Memórias*. Mas o que sobressai no artigo, misturado ao tom inflamado de indignação, é a perspectiva ilustrada que permeia todo o texto, norteando a argumentação com vistas ao desmascaramento da proposta de "tutoria".

Manuel Antônio mostra estar ciente – ainda que apenas da perspectiva humanitária – de certos horrores do tráfico negreiro, bem como da violência habitual dos proprietários de escravos, de que no entanto não há sinal no romance. (A tradicional crueldade com os escravos é um elemento explorado, ainda que fora de cena, por Martins Pena em *Os Dous ou O Inglês Maquinista*; isso talvez seja um indício de que, mesmo não sendo muito comum, a representação literária desse traço de cor local seria exequível, sobretudo no registro cômico.)

No artigo, o tráfico e a escravidão são tratados de maneira direta, sem atenuação do caráter brutal, o que contrasta radicalmente com a invenção fantasiosa da alegre aventura do compadre nas *Memórias*. Isso, contudo, não nos deve levar à conclusão apressada de que o romance procura (deliberadamente) ocultar as feridas do país. Talvez se possa dizer que o interesse do episódio do barbeiro não está no teor documental, mas na própria dimensão fantasiosa, pois é esta que permite a figuração de uma "cena primitiva" (por assim dizer) em que o tráfico e o roubo compõem o núcleo fundador da futura nação brasileira, comandada pela elite proprietária. (Por sinal, no artigo contra o "Memorial Orgânico" Manuel Antônio menciona a "barbárie dos tempos coloniais", e com isso não se referia ao modo de vida dos indígenas, mas sim à própria exploração colonial portuguesa, impulsionada por interesses econômicos.)

Seja como for, no momento em que Manuel Antônio escrevia, o tema da escravidão era tratado pelos escritores de maneira apenas ocasional (um exemplo é "Meditação", de Gonçalves Dias); naquele momento, ainda predominava o nativismo indianista, e o escravo negro não era visto senão como um elemento natural da paisagem[10]. Num artigo de 1854, intitulado "Fisiologia da Voz", Manuel Antônio enumera alguns absurdos existentes no mundo, entre os quais inclui este: "no Brasil há escravos", acrescentando que, embora se saiba disso, ninguém se admira dessas coisas[11]. Com efeito, o tratamento literário do negro só despontaria no final dos anos 1850 (*O Demônio Familiar*, de Alencar, é de 1857; as *Primeiras Trovas Burlescas*, de Luís Gama, de 1859), ganhando força apenas nos decênios seguintes – e mesmo assim imbricado por vezes num complexo ideológico duvidoso, como é o caso de *As Vítimas-algozes* (1869) de Macedo[12].

Para situar a posição de Manuel Antônio na coreografia das ideias do tempo, basta dizer que as ideias abolicionistas, embora raras, já vinham sendo expressas pelo menos desde 1821; contudo, ainda não encontravam ressonância no tempo em que o autor escrevia[13]. Ao apoiar-se no ideal humanístico, Manuel Antônio se distancia das ideias preconceituosas então dominantes, ainda muito pautadas nas noções de inferioridade racial dos negros – tanto que essas noções impregnavam inclusive alguns abolicionistas: segundo essa visão, a escravidão seria perniciosa porque os negros contaminariam a sociedade com sua baixeza e seus vícios, prejudicando o desenvolvimento da civilização no país[14].

Embora possa parecer um pouco ingênua aos olhos de hoje, a perspectiva humanitária de Manuel Antônio é o que lhe permite notar a incompatibilidade fundamental de escravidão e cidadania, o que acabou resultando numa visão mais crítica e

10. Sobre o indianismo, que serviu para mascarar o problema da escravidão africana, ver N. Werneck Sodré, *História da Literatura Brasileira*, p. 237.
11. "Fisiologia da Voz" (9.7.1854), em *Obra Dispersa*, p. 20.
12. Ainda falta um estudo que procure definir melhor o ponto de vista (social e de classe) que orienta as narrativas de Macedo. Sobre *As Vítimas-algozes*, ver as breves observações de L. F. de Alencastro, "Vida Privada e Ordem Privada no Império", em *História da Vida Privada*, vol. 2, pp. 90-91.
13. Para um panorama das ideias abolicionistas no Brasil, ver E. Viotti da Costa, *Da Senzala à Colônia*, parte III, cap. 1. Alguns dos textos comentados por E. Viotti encontram-se em *Memórias sobre a Escravidão*, Rio de Janeiro/Brasília, Arquivo Nacional/Fundação Petrônio Portela, 1988.
14. Um apanhado sobre artigos jornalísticos do decênio de 1850 que expressam visão semelhante encontra-se em M. M. Jarouche, *Sob o Império da Letra*, pp. 220-236.

avançada do que a da maioria de seus contemporâneos[15]. Com efeito, a visão da elite parecia assumir a passagem da escravidão para a "liberdade" como algo não-problemático: era habitual registrar, em cartas de alforria, que o escravo se tornava livre "como se o fora de nascença"[16]; como se vê, o cinismo da classe dominante nesse terreno não tinha limites. Bastante diferente da percepção de Manuel Antônio era o pensamento de Varnhagen que, explicitando sua óptica de classe, afirmava que a escravidão dos indígenas, além de ser um "benefício" ao "país que necessita de braços", seria um ato de "piedade e misericórdia" para com os índios: "A escravidão e a subordinação são o primeiro passo para a civilização das nações"[17].

Contudo, a crítica de Manuel Antônio não chega a tratar da questão de fundo do "Memorial Orgânico", passando ao largo do que realmente estava em jogo para a classe proprietária (o que talvez explique por que Varnhagen não se deu o trabalho de responder). É sintomático que, embora o artigo seja posterior à lei de proibição do tráfico negreiro, Manuel Antônio não faz qualquer referência a ela, como se não confiasse em sua efetividade, talvez imaginando que ocorreria o mesmo que ocorrera com a antiga lei de 1831. A questão que se impunha aos proprietários em função da cessação do tráfico negreiro (e da perspectiva de futura abolição da escravidão) relaciona-se com o problema da mão de obra, que iria afligir os grandes produtores rurais[18].

É a esse problema que Varnhagen procura responder com a proposta de "tutoria" dos índios, de maneira paliativa e reacionária. Como é evidente, era uma ideia que não questiona a escravidão nem procura romper a lógica de seu funcio-

---

15. Sobre a literatura abolicionista que floresceria algum tempo depois, J. M. de Carvalho diz: "Pensa-se na escravidão como instituição bárbara que é preciso destruir, mas não no negro como eventual cidadão." ("Brasil: Nações Imaginadas", em *Pontos e Bordados*, p. 246).

16. Cf. K. de Q. Mattoso, *Ser Escravo no Brasil*, 3. ed., São Paulo, Brasiliense, 1990, p. 178.

17. F. A. de Varnhagen, *História Geral do Brasil*, citado por J. F. Lisboa, "A Escravidão e Varnhagen", p. 237.

18. Ver E. Viotti da Costa, *Da Monarquia à República*, p. 285.

namento. Pelo contrário, trata-se de estender a lógica do sistema escravista, numa espécie de solução de compromisso, sem nenhum intuito de mudança efetiva – o que implicaria transformações bem mais amplas do que a classe proprietária estaria disposta a realizar.

À mesma órbita pertence a tentativa, anos mais tarde, de importar chineses para o trabalho semisservil[19], o que indica a persistência do problema: com seu conservadorismo, Varnhagen encarna, de maneira mais extremada, uma tendência geral, cujas consequências teriam ampla duração na história do país. Tanto assim que a própria abolição da escravatura, quando finalmente ocorreu em 1888, não foi feita para integrar o negro, como cidadão, à sociedade; e sim "para enredá-lo em formas velhas e novas de inferioridade, sujeição pessoal e pobreza, nas quais se reproduzem outros aspectos da herança colonial, que teima em não se dissolver"[20].

Vale acrescentar que, em média, a vida produtiva de um escravo africano estendia-se justamente por cerca de quinze anos[21]. Talvez o período de "tutela" que Varnhagen propunha não fosse casual, e ele buscasse um meio de sanar a falta de mão de obra deixando preparado um mecanismo para que os proprietários pudessem livrar-se do peso do "tutelado" tão logo este se tornasse improdutivo por esfalfamento (isso, é claro, na hipótese otimista de que o "tutelado" não morresse antes). Se for assim, a invocação da necessidade de trazer os índios à cidadania, "tutelando-os" antes disso por quinze anos, não seria apenas uma simples justificação ideológica, mas um cálculo insidioso que visaria a resguardar a classe proprietária dos estorvos que a escravidão impunha.

Embora a questão do trabalho não seja tratada diretamente por Manuel Antônio no artigo de 1851, uma consequência do

---

19. Ver E. Viotti da Costa, *Da Monarquia à República*, pp. 311-312. Sobre a questão da mão de obra, ver C. Furtado, *Formação Econômica do Brasil*, 27. ed., São Paulo, Nacional, 1998, cap. XXI.

20. R. Schwarz, *Sequências Brasileiras*, p. 94.

21. Ver E. Viotti da Costa, *Da Monarquia à República*, p. 287.

problema está presente, sob outra feição, nas *Memórias de um Sargento de Milícias.* Isso, sem dúvida, deve-se à perspectiva de classe do escritor que, não provindo da elite, talvez não estivesse preocupado particularmente com a falta de mão de obra nas grandes propriedades rurais – pelo menos não nos termos em que se colocava para os donos do poder. Ao elaborar literariamente o modo de vida da camada de homens livres pobres no âmbito urbano, Manuel Antônio acabou captando um aspecto central que estava no ar de sua época, mas virando-o do avesso e considerando-o em sua dimensão problemática: não apresentava a questão do trabalho pelo ângulo dos proprietários, mas sim aproximando-se da perspectiva dos próprios homens livres pobres – os quais, naquele momento histórico, enchiam as ruas do Rio de Janeiro disputando trabalho com escravos de ganho.

Bibliografia

FONTES PRIMÁRIAS

ALMEIDA, Manuel Antônio de. *Memórias de um Sargento de Milícias.* Ed. crítica de Cecília de Lara. Rio de Janeiro, LTC, 1978.

_____. *Memórias de um Sargento de Milícias.* Apresentação, notas e fixação de texto Mamede Mustafa Jarouche. São Paulo, Ateliê, 2000.

_____. *Memórias de um Sargento de Milícias.* Ed. e posfácio Reginaldo Pinto de Carvalho. São Paulo, Globo, 2004.

_____. *Obra Dispersa.* Introdução, seleção e notas Bernardo de Mendonça. Rio de Janeiro, Graphia, 1991.

ALENCAR, José de. *Ao Correr da Pena* (1854-1855). Pref. Francisco de Assis Barbosa. São Paulo, Melhoramentos, s.d.

_____. *O Guarani* (1857). Apres. e notas Eduardo Vieira Martins. São Paulo, Ateliê, 1999.

_____. *Iracema* (1865). Ed. crítica de M. Cavalcanti Proença. 2. ed. Rio de Janeiro/São Paulo, LTC/Edusp, 1979.

_____. "Benção Paterna" (1872). *In: Sonhos d'Ouro.* São Paulo, Ática, 2000.

ASSIS, Machado de. *Obra Completa*. Org. Afrânio Coutinho. 10. reimpressão. Rio de Janeiro, Nova Aguilar/Códice, 2004. 3 vols.

_____. *Memórias Póstumas de Brás Cubas* (1881). Estabelecimento de texto J. Galante de Sousa. Rio de Janeiro, Garnier, 1988.

CAVALHEIRO, Edgard (sel.) & BRITO, Mário da Silva (introd. e notas). *O Conto Romântico*. Rio de Janeiro, Civilização Brasileira, 1960.

CÉSAR, Guilhermino (sel. e apres.). *Historiadores e Críticos do Romantismo. 1: A Contribuição Europeia: Crítica e História Literária*. Rio de Janeiro/São Paulo, LTC/Edusp, 1978.

DEBRET, Jean Baptiste. *Viagem Pitoresca e Histórica ao Brasil*. Trad. e notas Sérgio Milliet. Belo Horizonte/São Paulo, Itatiaia/Edusp, 1978. 2 vols.

DIAS, Gonçalves. "Meditação (fragmento)" (1846). *In: Poesia e Prosa Completas*. Org. Alexei Bueno. Rio de Janeiro, Nova Aguilar, 1998. pp. 725-756.

GAMA, (Padre) Lopes. *O Carapuceiro: Crônicas de Costumes*. Org. Evaldo Cabral de Mello. São Paulo: Companhia das Letras, 1996.

_____. *Textos Escolhidos*. Org. Luís Delgado. Rio de Janeiro: Agir, 1958.

JAROUCHE, Mamede Mustafa (introd., org. e fixação de texto). *Poesias da Pacotilha (1851-1854)*. São Paulo, Martins Fontes, 2001.

LEITHOLD, Theodor von & RANGO, Ludwig von. *O Rio de Janeiro Visto por Dois Prussianos em 1819*. Trad. e anotação Joaquim de Sousa Leão Filho. São Paulo, Nacional, 1966.

LIMA SOBRINHO, Barbosa (introd., pesquisa e sel.). *Os Precursores do Conto no Brasil*. Rio de Janeiro, Civilização Brasileira, 1960.

LISBOA, João Francisco. "A Escravidão e Varnhagen" (1856-1857). *In: Crônica Política do Império*. Introdução e seleção Hildon Rocha. Rio de Janeiro/Brasília, Francisco Alves/INL, 1984. pp. 231-276.

LUCCOCK, John. *Notas sobre o Rio de Janeiro e Partes Meridionais do Brasil*. Trad. Milton da Silva Rodrigues. Belo Horizonte/São Paulo, Itatiaia/Edusp, 1975.

MACEDO, Joaquim Manuel de. *Um Passeio pela Cidade do Rio de Janeiro* (1862-1863). Ed. revista e anotada por Gastão Penalva; pref. Astrojildo Pereira. Rio de Janeiro, Edições de Ouro, 1966.

_____. *Memórias da Rua do Ouvidor* (1878). Pref. e notas de Jamil Almansur Haddad. São Paulo, Nacional, 1952.

BIBLIOGRAFIA   195

_____. *As Vítimas-algozes: Quadros da Escravidão*. 3. ed. Estabelecimento de texto Rachel Teixeira Valença. Introdução Flora Süsse-kind. São Paulo/Rio de Janeiro, Scipione/Fundação Casa de Rui Barbosa, 1991.

MAGALHÃES, Gonçalves de. "Discurso sobre a História da Literatura do Brasil" (1836). *In*: COUTINHO, Afrânio (org.). *Caminhos do Pensamento Crítico*. Rio de Janeiro/ Brasília, Pallas/INL, 1980. vol. I, pp. 23-38.

MAGALHÃES Júnior, R. (org.). *Três Panfletários do Segundo Reinado*. São Paulo, Nacional, 1956. [Inclui: Francisco de Sales Torres Homem, "O Libelo do Povo" (1849); Justiniano José da Rocha, "Ação, Reação, Transação" (1855).]

_____. (sel. e notas). *O Conto do Rio de Janeiro*. Rio de Janeiro, Civilização Brasileira, 1959.

MEMÓRIAS *sobre a Escravidão*. Introdução Graça Salgado. Rio de Janeiro/Brasília, Arquivo Nacional/Fundação Petrônio Portela, 1988. [Inclui: João Severiano Maciel da Costa, "Memória sobre a Necessidade de Abolir a Introdução dos Escravos Africanos no Brasil" etc. (1821); José Bonifácio de Andrada e Silva, "Representação à Assembleia Geral Constituinte e Legislativa do Império do Brasil sobre a Escravatura"; Domingos Alves Branco Muniz Barreto, "Memória sobre a abolição do Comércio da Escravatura"; Frederico Leopoldo César Burlamaque, "Memória Analítica acerca do Comércio de Escravos e acerca dos Males da Escravidão Doméstica" (1837)]

ORDENAÇÕES *Filipinas: livro I, II, III, IV, V* (1603). Ed. fac-similar da ed. de Cândido Mendes de Almeida (1870). Lisboa, Fundação Calouste Gulbenkian, 1985. 3 vols. [Há edição *on-line*: <http://www.uc.pt/ ihti/proj/filipinas/ordenacoes.htm>]

PENA, Martins. *Comédias*. Org. Darcy Damasceno. Rio de Janeiro: Edições de Ouro, 1971.

REZENDE, [Francisco de Paula] Ferreira de. *Minhas Recordações*. Belo Horizonte/São Paulo, Itatiaia/Edusp, 1988.

SERRA, Tânia Rebelo Costa (sel.). *Antologia do Romance-Folhetim (1839 a 1870)*. Brasília, Editora. da UnB, 1997.

SCHLICHTHORST, C[arl]. *O Rio de Janeiro Como É (1824-1826)*. "Uma vez e nunca mais. Contribuições de um diário para a história atual, os costumes, e especialmente a situação da tropa estrangeira na capital do Brasil". Trad. Emmy Dodt e Gustavo Barroso. Brasília, Senado Federal, 2000.

ESTUDOS SOBRE MANUEL ANTÔNIO DE ALMEIDA

ANDRADE, Mário de. "Memórias de um Sargento de Milícias" (1940). *In: Aspectos da Literatura Brasileira*. 5. ed. São Paulo, Martins, 1974, pp. 125-139.

BROCA, Brito. "Manuel Antônio de Almeida, crítico literário" (1952), "Atribulações de Manuel Antônio de Almeida" (1958), "O Mistério de Manuel Antônio de Almeida" (1960), "O Naufrágio do Vapor Hermes" (1960), "O Crítico e o Repentista" (1960). *In: Românticos, Pré-românticos, Ultra-românticos*. São Paulo/Brasília, Polis/INL, 1979, pp. 225-248.

CANDIDO, Antonio. "Manuel Antônio de Almeida: O Romance em Moto-contínuo" (1959). *In: Formação da Literatura Brasileira (Momentos Decisivos)*. 7. ed. Belo Horizonte, Itatiaia, 1993. vol. 2, pp. 195-199.

_____. "Dialética da Malandragem" (1970). *In: O Discurso e a Cidade*. São Paulo, Duas Cidades, 1993, pp. 19-54.

DAMASCENO, Darcy. "A Afetividade Linguística nas *Memórias de um Sargento de Milícias*". *Revista Brasileira de Filologia*, Rio de Janeiro, vol. 2, tomo II, dezembro 1956, pp. 155-177.

_____. "Correspondência de Manuel Antônio de Almeida". *Revista do Livro*, Rio de Janeiro, ano III, vol. 12, dezembro 1958, pp. 197-211.

FRIEIRO, Eduardo. "Do *Lazarilho de Tormes* ao Filho do Leonardo Pataca", *Kriterion*, Belo Horizonte, n. 27-28, janeiro-junho 1954, pp. 65-82. [Rep. *in: O Alegre Arcipreste e Outros Temas de Literatura Espanhola*. Belo Horizonte, Oscar Nicolai, 1959, pp. 67-93.]

GALVÃO, Walnice Nogueira. "No Tempo do Rei" (1962). *In: Saco de Gatos*. São Paulo, Duas Cidades, 1976, pp. 27-33.

GONZÁLEZ, Mario M. "Nos Primórdios da Neopicaresca: *Memórias de um Sargento de Milícias*". *In: A Saga do Anti-Herói: Estudo sobre o*

BIBLIOGRAFIA

Romance Picaresco Espanhol e Algumas de suas Correspondências na Literatura Brasileira. São Paulo, Nova Alexandria, 1994, pp. 278-296.

HADDAD, Jamil Almansur. "Prefácio". *In*: ALMEIDA, M. A. *Memórias de um Sargento de Milícias*. São Paulo, Melhoramentos, s.d. [1955], pp. 7-13.

HOLLOWAY, Thomas H. "Historical Context and Social Topography of *Memoirs of a Militia Sergeant*". *In*: ALMEIDA, M. A. de. *Memoirs of a Militia Sergeant*. New York, Oxford University Press, 1999, pp. xi-xxii.

IVO, Ledo. "Manuel Antônio de Almeida e a visão cômica da vida". *In*: *Teoria e Celebração: Ensaios*. São Paulo, Duas Cidades/SCCT, 1976, pp. 29-36.

JAROUCHE, Mamede Mustafa. *Sob o Império da Letra: Imprensa e Política no Tempo das Memórias de um Sargento de Milícias*. Tese de Doutorado. São Paulo, FFLCH-USP, 1997.

LARA, Cecília de. "*Memórias de um Sargento de Milícias*: Memórias de um Repórter do *Correio Mercantil*?", *Revista do Instituto de Estudos Brasileiros*, São Paulo, n. 21, 1979, pp. 58-84.

MAJOR, Manuel Antônio. "Perfis Literários – Manuel Antônio de Almeida" (1872). *In*: ALMEIDA, M. A. *Memórias de um Sargento de Milícias*. Ed. M. M. Jarouche, pp. 341-345.

MARTINS, Wilson. "Filho de uma Pisadela e de um Beliscão". *In*: *História da Inteligência Brasileira*. Vol. II:*1794-1855*. São Paulo, Cultrix/ Edusp, 1977-1978, pp. 475-487.

MONTELLO, Josué. "Um Precursor: Manuel Antônio de Almeida". *In*: COUTINHO, Afrânio (dir.). *A Literatura no Brasil*. Rio de Janeiro, Sul Americana, 1955. vol. 2, pp. 37-45.

PEREIRA, Astrojildo. "Romancistas da Cidade: Macedo, Manuel Antônio e Lima Barreto" (1941). *In*: *Interpretações*. Rio de Janeiro: CEB, 1944, pp. 49-113. [Também em HOLANDA, Aurélio Buarque de (coord.). *O Romance Brasileiro (de 1752 a 1930)*. Rio de Janeiro: O Cruzeiro, 1952, pp. 37-73.]

PRADO, Antônio Lázaro de Almeida. "Sob o Signo da Tolerância: Notas de Releitura das *Memórias de um Sargento de Milícias*", *Revista de Letras*, Assis, SP, Unesp, vol. 15, 1973, pp. 35-52.

REBELO, Marques. *Vida e Obra de Manuel Antônio de Almeida*. 2. ed., revista e aumentada. São Paulo, Martins, 1963.

198 ERA NO TEMPO DO REI

_____. *Bibliografia de Manuel Antônio de Almeida*. Rio de Janeiro, INL, 1951. [Inclui textos dispersos de MAA]

_____. *Para Conhecer Melhor Manuel Antônio de Almeida*. Rio de Janeiro, Bloch, 1973.

_____. "O Rio das 'Milícias' e de Alencar", *Comentário*, Rio de Janeiro, ano VI, vol. 6, n. 4 (24), 4º trimestre 1965, pp. 332-340.

ROCHA, João Cezar de Castro. "Prólogo". *In*: ALMEIDA, M. A. *Memorias de un Sargento de Milicias*. Montevideo, Uruguay, Ediciones de la Banda Oriental, 2002, pp. 7-12.

RONAI, Paul. "Préface". *In*: ALMEIDA, M. A. *Mémoires d'un sergent de la milice*. Rio de Janeiro, Atlântica, 1944. pp. 5-12.

SANTIAGO, Silviano. "Imagens do Remediado". *In*: *Vale Quanto Pesa: Ensaios sobre Questões Político-culturais*. Rio de Janeiro, Paz e Terra, 1982, pp. 117-120. [Também em SCHWARZ, Roberto (org.). *Os Pobres na Literatura Brasileira*. São Paulo, Brasiliense, 1983. pp. 31-34.]

SILVA, José Bethencourt da. "Introdução Literária" (1876). *In*: ALMEIDA, M. A. *Memórias de um Sargento de Milícias*. Ed. M. M. Jarouche, pp. 347-374.

SOARES, Marcus Vinicius Nogueira. "Memórias de um Sargento de Milícias: Um Romance Único". *In*: ROCHA, João Cezar de Castro (org.). *Nenhum Brasil Existe: Pequena Enciclopédia*. Rio de Janeiro, Topbooks/UniverCidade, 2003. pp. 505-512.

SÜSSEKIND, Flora. "The Novel and the *Crônica*". *In*: ALMEIDA, M. A. de. *Memoirs of a Militia Sergeant*. New York, Oxford University Press, 1999. pp. 171-184.

TÁVORA, Franklin. "Boletim Bibliográfico", *Ilustração Brasileira*, Rio de Janeiro, n. 11, 1º de dezembro de 1876. *Apud* AGUIAR, Cláudio. *Franklin Távora e o seu Tempo*. São Paulo, Ateliê, 1997. p. 330.

TINHORÃO, José Ramos. "Manuel Antônio de Almeida e o Romantismo Realista-popular". *In*: *A Música Popular no Romance Brasileiro*. vol. 1: *Século XVIII – Século XIX*. Belo Horizonte, Oficina de Livros, 1992. pp. 93-112.

VERÍSSIMO, José. "Um Velho Romance Brazileiro". *In*: *Estudos Brazileiros*, segunda série (1889-1893). Rio de Janeiro, Laemmert, 1894. pp. 107-124. [Rep. em ALMEIDA, M. A. *Memórias de um Sargento de Milícias*. Ed. Cecília de Lara, pp. 285-302.]

BIBLIOGRAFIA 199

_____. "Só lhe falta ser bem escrito" (1900). *In*: ALMEIDA, M. A. *Obra Dispersa*. Org. Bernardo de Mendonça, pp. 159-163. [Título do organizador; originalmente, "Introdução Literária".]

ZALUAR, Augusto Emílio. "Jornalismo e Verdade: A Rotina na Utopia" (1862). *In*: ALMEIDA, M. A. *Obra Dispersa*. Org. Bernardo de Mendonça, pp. 127-139. [Título do organizador; originalmente, "Manuel Antônio de Almeida".]

HISTÓRIAS LITERÁRIAS E OUTRAS OBRAS DE REFERÊNCIA

ALENCAR, Heron de. "José de Alencar e a Ficção Romântica". *In*: COUTINHO, A. (coord.). *A Literatura no Brasil*. Rio de Janeiro, Sul Americana, 1956. vol. 1, t. 2, pp. 837-948.

AMORA, Antônio Soares. *O Romantismo (1833/1838 – 1878/1881)*. 5. ed. São Paulo, Cultrix, 1977.

BOSI, Alfredo. *História Concisa da Literatura Brasileira*. 3. ed. São Paulo, Cultrix, 1988.

_____. "Imagens do Romantismo no Brasil". *In*: GUINSBURG, J. (org.). *O Romantismo*. São Paulo, Perspectiva, 1978, pp. 239-253.

CANDIDO, Antonio. "O Romantismo" (verbete "Brasil", III-3.32). *In*: *Enciclopédia Mirador Internacional*. São Paulo/Rio de Janeiro: Encyclopaedia Britannica do Brasil, 1975, pp. 1692-1695. (Em colaboração com O. M. Carpeaux.)

_____. "A Literatura durante o Império". *In*: HOLANDA, Sérgio Buarque de (dir.). *História Geral da Civilização Brasileira*. Tomo II: *O Brasil Monárquico*, vol. III: *Reações e Transições*. São Paulo, Difel, 1967, pp. 343-355.

CARPEAUX, Otto Maria. *Pequena Bibliografia Crítica da Literatura Brasileira*. Rio de Janeiro, Edições de Ouro, s.d.

_____. *História da Literatura Ocidental*. Vols. II, III, IV. Rio de Janeiro, Edições O Cruzeiro, 1960, 1961, 1962.

CARVALHO, Ronald de. *Pequena História da Literatura Brasileira*. 5. ed., rev. e aum. Rio de Janeiro, Briguiet, 1935.

CASTELLO, José Aderaldo. *Aspectos do Romance Brasileiro*. Rio de Janeiro, Ministério da Educação e Cultura, s.d. [1961].

GOMES, Eugênio. *Aspectos do Romance Brasileiro*. Salvador, Progresso, 1958.

GRIECO, Agrippino. *Evolução da Prosa Brasileira*. 2. ed., rev. Rio de Janeiro, José Olympio, 1947.

LINHARES, Temístocles. *História Crítica do Romance Brasileiro, 1728--1981*. Belo Horizonte/São Paulo, Itatiaia/Edusp, 1987. vol. 1.

MENEZES, Raimundo de. *Dicionário Literário Brasileiro*. 2. ed., rev., aum. e atualizada. Pref. Antonio Candido. Rio de Janeiro, LTC, 1978.

MERQUIOR, José Guilherme. *De Anchieta a Euclides: Breve História da Literatura Brasileira*. Rio de Janeiro, José Olympio, 1977.

MIGUEL-PEREIRA, Lúcia. *Prosa de Ficção (de 1870 a 1920)*. 2. ed. Rio de Janeiro, José Olympio, 1957.

MONTENEGRO, Olívio. *O Romance Brasileiro*. 2. ed., rev. e ampliada. Rio de Janeiro, José Olympio, 1953.

OLIVEIRA, José Osório de. *História Breve da Literatura Brasileira*. 2. ed. brasileira. São Paulo, Martins Fontes, 1956.

PRADO, Décio de Almeida. *O Drama Romântico Brasileiro*. São Paulo, Perspectiva, 1996.

ROMERO, Sílvio. *História da Literatura Brasileira*. Org. e pref. Nelson Romero. 6ª ed., Rio de Janeiro, José Olympio, 1960. 5 vols.

SODRÉ, Nelson Werneck. *História da Literatura Brasileira: Seus Fundamentos Econômicos*. 3. ed., integralmente refundida. Rio de Janeiro, José Olympio, 1960.

STEGAGNO-PICCHIO, Luciana. *História da Literatura Brasileira*. 2. ed., rev. e atualizada. Trad. Pérola de Carvalho e Alice Kyoko. Rio de Janeiro, Nova Aguilar, 2004.

TINHORÃO, José Ramos. *Os Romances em Folhetins no Brasil (1830 à atualidade)*. São Paulo, Duas Cidades, 1994.

_____. *A Música Popular no Romance Brasileiro*. Vol. 1: *Século XVIII – Século XIX*. Belo Horizonte, Oficina de Livros, 1992.

VERÍSSIMO, José. *História da Literatura Brasileira: De Bento Teixeira (1601) a Machado de Assis (1908)*. 4. ed. Brasília, Ed. da UnB, 1963.

BIBLIOGRAFIA

ESTUDOS SOBRE LITERATURA
E CRÍTICA BRASILEIRAS

AB'SÁBER, Tales. "Dois Mestres: Crítica e Psicanálise em Machado de Assis e Roberto Schwarz". *In*: CEVASCO, Maria Elisa & OHATA, Milton (orgs.). *Um Crítico na Periferia do Capitalismo: A Obra de Roberto Schwarz*. São Paulo, Companhia das Letras, 2007, pp. 267-289.

ARANTES, Paulo Eduardo. *Sentimento da Dialética na Experiência Intelectual Brasileira: Dialética e Dualidade segundo Antonio Candido e Roberto Schwarz*. Rio de Janeiro, Paz e Terra, 1992.

ARANTES, Paulo E. & ARANTES, Otília B. F. *Sentido da Formação: Três Estudos sobre Antonio Candido, Gilda de Mello e Souza e Lúcio Costa*. Rio de Janeiro, Paz e Terra, 1997.

ARÊAS, Vilma Sant'Anna. *Na Tapera de Santa Cruz: Uma Leitura de Martins Pena*. São Paulo, Martins Fontes, 1987.

BROCA, Brito. *Românticos, Pré-românticos, Ultra-românticos: Vida Literária e Romantismo Brasileiro*. São Paulo/Brasília, Polis/INL, 1979.

_____. *Machado de Assis e a Política mais Outros Estudos*. São Paulo/ Brasília, Polis/INL, 1983.

CANDIDO, Antonio. *Formação da Literatura Brasileira: Momentos Decisivos*. 7. ed. Belo Horizonte, Itatiaia, 1993. 2 vols.

_____. *Tese e Antítese*. 2. ed., revista. São Paulo, Nacional, 1971.

_____. *Literatura e Sociedade: Estudos de Teoria e História Literária*. 6. ed. São Paulo, Nacional, 1980.

_____. *Vários Escritos*. São Paulo, Duas Cidades, 1970.

_____. *A Educação pela Noite & Outros Ensaios*. São Paulo, Ática, 1983.

_____. *O Discurso e a Cidade*. São Paulo, Duas Cidades, 1993.

_____. *Textos de Intervenção*. Seleção, apresentações e notas de Vinicius Dantas. São Paulo, Duas Cidades, 2002.

_____. *O Romantismo no Brasil*. São Paulo, Humanitas, 2002.

_____. "O Nosso Romance antes de 1920" (1946). *Literatura e Sociedade*, São Paulo, DTLLC-FFLCH-USP, n. 5, 2000, pp. 211-229.

_____. "O Romantismo, Nosso Contemporâneo" (Resumo de Cláudio Bojunga). *Jornal do Brasil*, Rio de Janeiro, 19 de março de 1988, Caderno Ideias, pp. 6-7.

202   ERA NO TEMPO DO REI

COSTA, Iná Camargo. *Sinta o Drama.* Petrópolis, Vozes, 1998.

EULÁLIO, Alexandre. *Escritos.* Org. Berta Waldman e Luiz Dantas. Campinas/São Paulo, Ed. Unicamp/Ed. Unesp, 1992.

_____. *Livro Involuntário: Literatura, História, Matéria & Modernidade.* Org. Carlos Augusto Calil & Maria Eugênia Boaventura. Rio de Janeiro, Ed. UFRJ, 1993.

FIGUEIRA, Sérvulo Augusto. "Machado de Assis, Roberto Schwarz: Psicanalistas Brasileiros?". *In: Nos Bastidores da Psicanálise,* Rio de Janeiro, Imago, 1991, pp. 181-186.

HOLANDA, Sérgio Buarque de. *Cobra de Vidro.* 2. ed. São Paulo, Perspectiva, 1978.

_____. *O Espírito e a Letra: Estudos de Crítica Literária.* Org. Antonio Arnoni Prado. São Paulo, Companhia das Letras, 1996. 2 vols.

MEYER, Augusto. "Alencar". *In: Textos Críticos.* Org. João Alexandre Barbosa. São Paulo, Perspectiva/INL, 1986, pp. 295-306.

ORTIZ, Renato. "*O Guarani*: Mito de Fundação da Brasilidade". *In: Românticos e Folcloristas.* São Paulo, Olho d'água, s.d. [1992], pp. 76-96.

PASTA Jr., José Antonio. "O Romance de Rosa: Temas do *Grande Sertão* e do Brasil". *Novos Estudos CEBRAP,* São Paulo, n. 55, novembro de 1999, pp. 61-70.

_____. "Entrevista com José Antonio Pasta Júnior" (2001) [Sobre Mário de Andrade]. <http://www.mec.gov.br/seed/tvescola/Mestres/index/entrevistas.shtm>

_____. "Prodígios de Ambivalência: Notas sobre *Viva o Povo Brasileiro*", *Novos Estudos CEBRAP,* São Paulo, n. 64, novembro 2002, pp. 61-71.

_____. "Singularidade do Duplo no Brasil". *In:* VVAA. *A Clínica do Especular na Obra de Machado de Assis.* Paris, Association Lacanienne Internationale, 2002, pp. 39-43.

_____. "Changement et idée fixe (L'autre dans le roman brésilien)". *In:* QUINT, Anne-Marie (dir.). *Au fil de la plume.* Paris, Presses Sorbonne Nouvelle, 2004, pp. 159-171.

_____ & PENJON, Jacqueline. "Introduction: Le rythme singulier d'une formation historique". In: *Littérature et Modernisation au Brésil.* Paris, Presses Sorbonne Nouvelle, 2004, pp. 7-13.

BIBLIOGRAFIA

PINASSI, Maria Orlanda. *Três Devotos, uma Fé, Nenhum Milagre: Nitheroy, Revista Brasiliense de Ciências, Letras e Artes*. São Paulo, Ed. Unesp, 1998.

REIS, Zenir Campos. "O Mundo do Trabalho e seus Avessos: A Questão Literária (Primeiras Notas)". In: BOSI, Alfredo (org.). *Cultura Brasileira: Temas e Situações*. São Paulo, Ática, 1987, pp. 42-57.

ROCHA, João Cezar de Castro. *Literatura e Cordialidade: O Público e o Privado na Cultura Brasileira*. Rio de Janeiro, Ed. UERJ, 1998.

_____. "O Homem de Letras (Cordial)". In: DEL PRIORE, Mary (org.). *Revisão do Paraíso: Os Brasileiros e o Estado em 500 Anos de História*. Rio de Janeiro, Campus, 2000, pp. 211-232.

_____. "Um Anti-Leonardo Pataca", *Jornal do Brasil*, 24 de agosto de 2002, Caderno Ideias. [Resenha de *Um Funcionário da Monarquia*, de Antonio Candido.]

_____. "Dialéticas em Colisão: Malandragem ou Marginalidade? Notas Iniciais sobre a Cena Cultural Contemporânea", *Cultura Vozes*, Petrópolis, vol. 97, n. 1, janeiro-fevereiro 2003, pp. 52-59.

_____. "Dialética da Marginalidade: Caracterização da Cultura Brasileira Contemporânea". *Folha de São Paulo*, 29 de fevereiro de 2004, Caderno Mais!, pp. 4-8.

_____. "The 'Dialectics of Marginality': Preliminary Notes on Brazilian Contemporary Culture". Centre for Brazilian Studies, University of Oxford, 2005. (Working Paper 62.) <http://www.brazil.ox.ac.uk/workingpapers/Joao%20Cezar%20Castro%20Rocha%2062.pdf>

SCHWARZ, Roberto. *Ao Vencedor as Batatas: Forma Literária e Processo Social nos Inícios do Romance Brasileiro*. 2. ed. São Paulo, Duas Cidades, 1981.

_____ (org.). *Os Pobres na Literatura Brasileira*. São Paulo, Brasiliense, 1983.

_____. *Um Mestre na Periferia do Capitalismo: Machado de Assis*. São Paulo, Duas Cidades, 1990.

_____. *O Pai de Família e Outros Estudos*. Rio de Janeiro, Paz e Terra, 1978.

_____. *Que Horas São?* São Paulo, Companhia das Letras, 1987.

_____. *Duas Meninas*. São Paulo, Companhia das Letras, 1997.

_____. *Sequências Brasileiras*. São Paulo, Companhia das Letras, 1999.

_____. "Machado de Assis: Um Debate – Conversa com Roberto Schwarz", *Novos Estudos CEBRAP*, São Paulo, n. 29, março 1991, pp. 59-84. (Debate com Luiz Felipe de Alencastro, Francisco de Oliveira, José Arthur Giannotti, Davi Arrigucci Jr., Rodrigo Naves e José Antonio Pasta Jr.)

_____. "Entrevista com Roberto Schwarz" [1997]. *Literatura e Sociedade*, São Paulo, DTLLC-FFLCH-USP, n. 6, 2001-2002, pp. 14-37. (Entrevista a Eva L. Corredor.)

_____. "Antonio Risério e Roberto Schwarz (17.5.1999)". *In: Outros 500: Novas Conversas sobre o Jeito do Brasil*. Porto Alegre, Prefeitura Municipal de Porto Alegre, Secretaria Municipal da Cultura, 2000, pp. 174-210.

_____. "Tira-dúvidas com Roberto Schwarz", *Novos Estudos CEBRAP*, São Paulo, n. 58, novembro 2000, pp. 53-71.

_____. "A Viravolta Machadiana", *Novos Estudos CEBRAP*, São Paulo, n. 69, julho 2004, pp. 15-34.

SERRA, Tania Rebelo Costa. *Joaquim Manuel de Macedo ou os Dois Macedos: A Luneta Mágica do II Reinado*. Rio de Janeiro, Fundação Biblioteca Nacional, 1994.

SOMMER, Doris. *Foundational Fictions: The National Romances of Latin America*. Berkeley and Los Angeles, University of California Press, 1991. [Traz um capítulo sobre Alencar.]

SÜSSEKIND, Flora. *O Brasil não é Longe Daqui: O Narrador, a Viagem*. São Paulo, Companhia das Letras, 1990.

HISTÓRIA, SOCIOLOGIA ETC. (BRASIL)

ALENCASTRO, Luiz Felipe de. *O Trato dos Viventes: Formação do Brasil no Atlântico Sul, Séculos XVI e XVII*. São Paulo, Companhia das Letras, 2000.

_____. "La traite négrière et l'unité nationale brésilienne", *Revue Française d'Histoire d'Outre-mer*, Paris, tome LXVI, n. 244-245, 1979, pp. 395-419.

_____. "O Fardo dos Bacharéis", *Novos Estudos CEBRAP*, São Paulo, n. 19, dezembro 1987, pp. 68-72.

_____. "Proletários e Escravos: Imigrantes Portugueses e Cativos Africanos no Rio de Janeiro, 1850-1872", *Novos Estudos CEBRAP*, São Paulo, n. 21, julho 1988, pp. 30-56.

_____. "Memórias da Balaiada: Introdução ao Relato de Gonçalves de Magalhães", *Novos Estudos CEBRAP*, São Paulo, n. 23, março 1989, pp. 7-23.

_____. "Desagravo de Pernambuco e Glória do Brasil: A Obra de Evaldo Cabral de Mello", *Novos Estudos CEBRAP*, São Paulo, n. 26, março 1990, pp. 219-228.

_____. "Otimismo ontem e hoje", *Veja*, 8 de janeiro de 1997, p. 106.

_____. "Joaquim Nabuco, Um Estadista do Império". In: MOTA, Lourenço Dantas (org.). *Introdução ao Brasil: Um Banquete no Trópico 1*. São Paulo, Ed. Senac, 1999, pp. 113-131.

_____. "Comentário de Luiz Felipe de Alencastro", *Novos Estudos CEBRAP*, São Paulo, n. 59, março de 2001, pp. 218-221.

ALGRANTI, Leila Mezan. *O Feitor Ausente: Estudo sobre a Escravidão Urbana no Rio de Janeiro*. Petrópolis, Vozes, 1988.

_____. "Os Ofícios Urbanos e os Escravos ao Ganho no Rio de Janeiro Colonial (1808-1822)". In: SZMRECSÁNYI, Tamás (org.). *História Econômica do Período Colonial*. 2. ed. revista. São Paulo, Hucitec/ABPHE/Edusp/Imprensa Oficial, 2002, pp. 195-214.

ARAÚJO, Emanuel. *O Teatro dos Vícios: Transgressão e Transigência na Sociedade Urbana Colonial*. 2. ed. Rio de Janeiro, José Olympio, 1997.

BARMAN, Roderick J. *Brazil: The Forging of a Nation, 1798-1852*. Stanford, Stanford University Press, 1988.

CANDIDO, Antonio. "The Brazilian Family". In: SMITH, T. Lynn & MARCHANT, Alexander (eds.). *Brazil: Portrait of Half a Continent*. New York, Dryden, 1951, pp. 291-312.

_____. *Os Parceiros do Rio Bonito: Estudo sobre o Caipira Paulista e a Transformação dos seus Meios de Vida*. 4. ed. São Paulo, Duas Cidades, 1977.

CARVALHO, José Murilo de. *A Construção da Ordem: A Elite Política Imperial/Teatro de Sombras: A Política Imperial*. 4. ed. Rio de Janeiro, Civilização Brasileira, 2003.

_____. "Brasil: Nações Imaginadas". In: *Pontos e Bordados: Escritos de História e Política*. Belo Horizonte, Ed. UFMG, 1998, pp. 233-268.

CASCUDO, L. da Câmara. "Compadre e Comadre", *Jangada Brasil*, ano III, n. 34, junho de 2001. <http://jangadabrasil.com.br/junho34/pn34060c.htm>

CHALHOUB, Sidney. *Trabalho, Lar e Botequim: O Cotidiano dos Trabalhadores no Rio de Janeiro da Belle Époque.* São Paulo, Brasiliense, 1986.

COARACY, Vivaldo. *Memórias da Cidade do Rio de Janeiro.* Introd. José Honório Rodrigues. 2. ed., rev. e aumentada. Rio de Janeiro, José Olympio, 1965.

COSTA, Emília Viotti da. *Da Monarquia à República: Momentos Decisivos.* 7. ed. São Paulo, Ed. Unesp, 1999.

_____. *Da Senzala à Colônia.* 4. ed. São Paulo, Ed. Unesp, 1998.

CRULS, Gastão. *Aparência do Rio de Janeiro: Notícia Histórica e Descritiva da Cidade.* 2. ed., revista. Pref. Gilberto Freyre. Rio de Janeiro, José Olympio, 1952. 2 vols.

DAMATTA, Roberto. *Carnavais, Malandros e Heróis: Para uma Sociologia do Dilema Brasileiro.* 6. ed. Rio de Janeiro, Rocco, 1997.

DIAS, Maria Odila da Silva. "A Interiorização da Metrópole (1808--1853)". *In:* MOTA, Carlos G. (org.). *1822: Dimensões.* São Paulo, Perspectiva, 1972. pp. 160-184.

_____. "Sociabilidades sem História: Votantes Pobres no Império (1824--1881)". *In:* FREITAS, Marcos Cezar de (org.). *Historiografia Brasileira em Perspectiva.* São Paulo, Contexto, 1998. pp. 57-72 e 423-426.

FAORO, Raymundo. *Os Donos do Poder: Formação do Patronato Político Brasileiro.* 3. ed., revista. Porto Alegre, Globo, 1976. 2 vols.

FRANCO, Maria Sylvia de Carvalho. *Homens Livres na Ordem Escravocrata.* 3. ed. São Paulo, Kairós, 1983.

FREYRE, Gilberto. *Casa-Grande & Senzala: Formação da Família Brasileira sob o Regime de Economia Patriarcal.* 8. ed. Rio de Janeiro, José Olympio, 1954. 2 vols.

_____. *Sobrados e Mucambos: Decadência do Patriarcado Rural e Desenvolvimento Urbano.* 9. ed. Rio de Janeiro, Record, 1996.

FURTADO, Celso. *Formação Econômica do Brasil.* 27. ed. São Paulo, Nacional, 1998.

GRAHAM, Richard & GRAHAM, Sandra L. "Expressões do eu no Império". *Folha de S. Paulo,* 11 de outubro de 1997, Jornal de Resenhas, p. 3.

BIBLIOGRAFIA

HISTÓRIA *da Vida Privada no Brasil.* Vol. 1: *Cotidiano e Vida Privada na América Portuguesa.* Org. Laura de Mello e Souza. São Paulo, Companhia das Letras, 1997.

HISTÓRIA *da Vida Privada no Brasil.* Vol. 2: *Império: A Corte e a Modernidade Nacional.* Org. Luiz Felipe de Alencastro. São Paulo, Companhia das Letras, 1997.

HOLANDA, Sérgio Buarque de. *Raízes do Brasil.* 20. ed. Pref. Antonio Candido. Rio de Janeiro, José Olympio, 1988.

_____. *Livro dos Prefácios.* São Paulo, Companhia das Letras, 1996.

_____. "A Herança Colonial – sua Desagregação". *História Geral da Civilização Brasileira.* Tomo II: *O Brasil Monárquico.* Vol. 1: *O Processo de Emancipação.* São Paulo, Difel, 1993, pp. 9-39.

HOLLOWAY, Thomas H. *Polícia no Rio de Janeiro: Repressão e Resistência numa Cidade do Século XIX.* Trad. Francisco de Castro Azevedo. Rio de Janeiro, FGV, 1997.

JANCSÓ, István & PIMENTA, João Paulo. "Peças de um Mosaico (ou Apontamentos para o Estudo da Emergência da Identidade Nacional Brasileira)". *In:* MOTA, Carlos G. (org.). *Viagem Incompleta: A Experiência Brasileira (1500-2000).* Formação: histórias. São Paulo, Ed. Senac, 2000, pp. 127-175.

KARASCH, Mary C. *A Vida dos Escravos no Rio de Janeiro (1808-1850).* Trad. Pedro Maia Soares. São Paulo, Companhia das Letras, 2001.

LARA, Silvia Hunold. "Introdução". *In:* *Ordenações Filipinas: livro V.* São Paulo, Companhia das Letras, 1999, pp. 19-44.

LAVELLE, Patrícia. *O Espelho Distorcido: Imagens do Indivíduo no Brasil Oitocentista.* Pref. Luiz Costa Lima. Belo Horizonte, Ed. UFMG, 2003.

LIMA, Lana Lage da Gama (org.). *Mulheres, Adúlteros e Padres: História e Moral na Sociedade Brasileira.* Rio de Janeiro, Dois Pontos, 1987.

LIMA, Oliveira. *D. João VI no Brasil.* 3. ed. Rio de Janeiro, Topbooks, 1996.

MALERBA, Jurandir. *A Corte no Exílio: Civilização e Poder no Brasil às Vésperas da Independência (1808 a 1821).* São Paulo, Companhia das Letras, 2000.

MATTOS, Ilmar Rohloff de. *O Tempo Saquarema: A Formação do Estado Imperial.* 4. ed. Rio de Janeiro, Access, 1994.

MATTOSO, Kátia de Queirós. *Ser Escravo no Brasil*. Trad. James Amado. 3. ed. São Paulo, Brasiliense, 1990.

MELLO, Evaldo Cabral de. *Um Imenso Portugal: História e Historiografia*. São Paulo, Ed. 34, 2002.

MORAES, José Geraldo Vinci de & REGO, José Marcio (orgs.). *Conversas com Historiadores Brasileiros*. São Paulo, Ed. 34, 2002.

MOTA, Carlos Guilherme. "Ideias de Brasil: Formação e Problemas (1817-1850)". *Viagem Incompleta: A Experiência Brasileira (1500--2000)*. Formação: histórias. São Paulo, Ed. Senac, 2000. pp. 197-238.

MOURA, Denise Aparecida Soares de. *Saindo das Sombras: Homens Livres no Declínio do Escravismo*. Campinas, Centro de Memória – Unicamp, 1998.

NABUCO, Joaquim. *O Abolicionismo*. São Paulo/Rio de Janeiro, Publifolha/Nova Fronteira, 2000.

NOVAIS, Fernando A. "A Crise do Antigo Sistema Colonial". *In: Portugal e Brasil na Crise do Antigo Sistema Colonial (1777-1808)*. 2. ed. São Paulo, Hucitec, 1981. pp. 57-116.

_____. "Passagens para o Novo Mundo", *Novos Estudos CEBRAP*, São Paulo, n. 9, julho 1984, pp. 2-8. [Rep. *in: Aproximações: Estudos de História e Historiografia*. São Paulo, CosacNaify, 2005, pp. 183-194.]

OLIVEIRA, Francisco de. *Crítica à Razão Dualista / O Ornitorrinco*. Pref. Roberto Schwarz. São Paulo: Boitempo, 2003.

PRADO Jr., Caio. *Evolução Política do Brasil e Outros Estudos*. 10. ed. São Paulo, Brasiliense, 1977.

_____. *Formação do Brasil Contemporâneo: Colônia*. 23. ed. São Paulo, Brasiliense, 1994.

QUEIROZ, Maria Isaura Pereira de. *O Mandonismo Local na Vida Política Brasileira e Outros Estudos*. São Paulo, Alfa-Ômega, 1976.

RIBEIRO, Gladys Sabina. *Mata Galegos: Os Portugueses e os Conflitos de Trabalho na República Velha*. São Paulo, Brasiliense, 1990. (Col. Tudo é História)

RICUPERO, Bernardo. *O Romantismo e a Ideia de Nação no Brasil (1830--1870)*. Tese de Doutorado (Ciência Política). São Paulo, FFLCH--USP, 2002.

RODRIGUES, José Honório. "A Política da Conciliação: História

BIBLIOGRAFIA

Cruenta e Incruenta". In: *Conciliação e Reforma no Brasil: Um Desafio Histórico-político*. Rio de Janeiro, Civilização Brasileira, 1965, pp. 21-111.

SALGADO, Graça (coord.). *Fiscais e Meirinhos: A Administração no Brasil Colonial*. Rio de Janeiro, Nova Fronteira, 1985.

SCHULTZ, Kirsten. *Tropical Versailles: Empire, Monarchy, and the Portuguese Royal Court in Rio de Janeiro, 1808-1821*. New York, Routledge, 2001.

SILVA, Maria Beatriz Nizza da. *Cultura e Sociedade no Rio de Janeiro (1808-1821)*. Pref. Sérgio Buarque de Holanda. São Paulo, Nacional/INL, 1977.

_____. *Vida Privada e Quotidiano no Brasil na Época de D. Maria I e D. João VI*. Lisboa, Estampa, 1993.

SOARES, Carlos Eugênio Líbano. *A Capoeira Escrava e Outras Tradições Rebeldes no Rio de Janeiro, 1808-1850*. Pref. Mary C. Karasch. Campinas, Ed. Unicamp, 2001.

_____. "Festa e Violência: Os Capoeiras e as Festas Populares na Corte do Rio de Janeiro (1809-1890)". In: CUNHA, Maria Clementina Pereira (org.). *Carnavais e Outras F(r)estas: Ensaios de História Social da Cultura*. Campinas, Ed. Unicamp, 2002, pp. 281-310.

SOUZA, Laura de Mello e. *Desclassificados do Ouro: A Pobreza Mineira no Século XVIII*. 3. ed. Rio de Janeiro, Graal, 1990.

VAINFAS, Ronaldo. *Trópico dos Pecados: Moral, Sexualidade e Inquisição no Brasil Colonial*. Rio de Janeiro, Campus, 1989.

WEHLING, Arno & WEHLING, Maria José. "O Funcionário Colonial entre a Sociedade e o Rei". In: DEL PRIORE, Mary (org.). *Revisão do Paraíso: Os Brasileiros e o Estado em 500 Anos de História*. Rio de Janeiro, Campus, 2000, pp. 141-159.

BIBLIOGRAFIA GERAL

ADORNO, Theodor W. *Notes to Literature*. Trans. Shierry Weber Nicholsen. New York, Columbia University Press, 1991/1992. 2 vols.

_____. *Teoria Estética*. Trad. Artur Morão. Lisboa, Ed. 70, 1988.

_____. & HORKHEIMER, Max. *Dialética do Esclarecimento: Fragmen-*

210   ERA NO TEMPO DO REI

tos Filosóficos. Trad. Guido de Almeida. Rio de Janeiro, Jorge Zahar, 1985.

ANDERSON, Benedict. *Imagined Communities: Reflections on the Origin and Spread of Nationalism.* 2nd revised ed. London, Verso, 1991.

ARANTES, Paulo Eduardo. "A Prosa da História". In: *Hegel: A Ordem do Tempo.* São Paulo, Polis, 1981, pp. 147-167.

_____. *Zero à Esquerda.* São Paulo, Conrad, 2004.

AUERBACH, Erich. *Mimesis: A Representação da Realidade na Literatura Ocidental.* 2. ed. São Paulo, Perspectiva, 1987.

BERGSON, Henri. *O Riso: Ensaio sobre a Significação da Comicidade.* Trad. Ivone Castilho Benedetti. São Paulo, Martins Fontes, 2001.

BREMMER, Jan & ROODENBURG, Herman (orgs.). *Uma História Cultural do Humor.* Trad. Cynthia Azevedo e Paulo Soares. Rio de Janeiro, Record, 2000.

ENZENSBERGER, Hans Magnus. *Guerra Civil.* Trad. Marcos Branda Lacerda e Sergio Flaksman. São Paulo, Companhia das Letras, 1995.

FREUD, Sigmund. "O Humor". In: *Edição 'Standard' Brasileira das Obras Psicológicas Completas.* Com os comentários e notas de James Strachey. Rio de Janeiro, Imago, 1974. vol. 21, pp. 187-194.

HAUSER, Arnold. *História Social da Arte e da Literatura.* Trad. Álvaro Cabral. São Paulo, Martins Fontes, 1998.

HEGEL, G. W. F. *Cursos de Estética.* Trad. Marco Aurélio Werle e Oliver Tolle. São Paulo, Edusp, 1999-2004. 4 vols.

HOBSBAWM, Eric J. *Bandidos.* Trad. Donaldson Magalhães Garschagen. Rio de Janeiro, Forense-Universitária, 1975.

HORKHEIMER, Max. "Autoridade e Família". In: *Teoria Crítica.* Trad. Hilde Cohn. São Paulo, Perspectiva, 1990, pp. 175-236.

_____. *Eclipse da Razão.* Trad. Sebastião Uchoa Leite. Rio de Janeiro, Labor, 1976.

JAMESON, Fredric. *The Political Unconscious: Narrative as a Socially Symbolic Act.* Ithaca, NY, Cornell University Press, 1981.

_____. *The Ideologies of Theory: Essays 1971-1986.* Minneapolis, University of Minnesota Press, 1988. 2 vols.

_____. *Marxism and Form: Twentieth-century Dialectical Theories of Literature.* Princeton, Princeton University Press, 1974.

LÖWY, Michael & SAYRE, Robert. *Revolta e Melancolia: O Romantismo na Contramão da Modernidade.* Trad. Guilherme João de Freitas Teixeira. Petrópolis, Vozes, 1995.

_____. *Romantismo e Política.* Trad. Eloísa de Araújo Oliveira. Rio de Janeiro, Paz e Terra, 1993.

LUKÁCS, Georg. *Ensaios sobre Literatura.* Sel. Leandro Konder. 2. ed. Rio de Janeiro, Civilização Brasileira, 1968.

_____. *Goethe y su Época.* Precedido de "Minna von Barnhelm". Trad. Manuel Sacristán. Barcelona, Grijalbo, 1968.

_____. *The Historical Novel.* Trans. Hannah & Stanley Mitchell, Introduction by Fredric Jameson. Lincoln, Nebraska University Press, 1983.

_____. *Marxismo e Teoria da Literatura.* Sel. e trad. Carlos Nelson Coutinho. Rio de Janeiro, Civilização Brasileira, 1968.

_____. *A Teoria do Romance.* Trad. José Marcos Macedo. São Paulo, Duas Cidades/Ed. 34, 2000.

_____. "A Reificação e a Consciência do Proletariado". *História e Consciência de Classe: Estudos sobre a Dialética Marxista.* Trad. Rodnei Nascimento. São Paulo, Martins Fontes, 2003, pp. 193-411.

_____. "O Romance como Epopeia Burguesa". *Ensaios Ad Hominem*, São Paulo, n. 1, tomo II, 1999, pp. 87-117. (Trad. Letizia Zini Antunes)

_____. "A propos de la satire". *Problèmes du Réalisme.* Paris, L'Arche, 1975, pp. 15-40.

MARX, Karl. *Grundrisse: Foundations of the Critique of Political Economy (rough draft).* Trans. Martin Nicolaus. Harmondsworth, Penguin, 1993.

_____. *Selected Writings.* Ed. David McLellan. New York, Oxford University Press, 1977.

MATOS, Franklin de. "A Lucidez do Pícaro", *Folha de S. Paulo*, 9 de outubro de 1999, Jornal de Resenhas, pp. 4-5.

_____. "'O Ingênuo' e as Aventuras da Formação", *Folha de S. Paulo*, 20 de novembro de 1994, Caderno Mais!, p. 6.

MINOIS, Georges. *História do Riso e do Escárnio.* Trad. Maria Elena O. Ortiz Assumpção. São Paulo, Ed. Unesp, 2003.

MORETTI, Franco. *Atlas do Romance Europeu, 1800-1900.* Trad. Sandra Guardini T. Vasconcelos. São Paulo, Boitempo, 2003.

_____. "O Século Sério", *Novos Estudos CEBRAP*, São Paulo, n. 65, março de 2003, pp. 3-33.

SARLO, Beatriz. "Raymond Williams y Richard Hoggart: Sobre Cultura y Sociedad", *Punto de Vista*, Buenos Aires, año 2, n. 6, julio 1979, pp. 9-18.

SZONDI, Peter. *Teoria do Drama Moderno (1880-1950)*. Trad. Luiz Repa. São Paulo, CosacNaify, 2001.

THOMPSON, E. P. *Customs in Common: Studies in Traditional Popular Culture*. New York, The New Press, 1992.

_____. *As Peculiaridades dos Ingleses e Outros Artigos*. Org. Antonio Luigi Negro e Sergio Silva. Campinas, Ed. Unicamp, 2001.

WATT, Ian. *The Rise of the Novel: Studies in Defoe, Richardson and Fielding*. London, Hogarth, 1987.

WEBER, Max. *A Ética Protestante e o Espírito do Capitalismo*. Trad. José Marcos Macedo. São Paulo, Companhia das Letras, 2004.

WILLIAMS, Raymond. *Culture and Society: 1780-1950*. New York, Columbia University Press, 1983.

_____. *Marxism and Literature*. New York, Oxford University Press, 1977. [*Marxismo e Literatura*. Trad. Waltensir Dutra. Rio de Janeiro, Zahar, 1979.]

ŽIŽEK, Slavoj. "How Did Marx Invent the Symptom?". *The Sublime Object of Ideology*. London, Verso, 1999, pp. 11-53. [Trad. parcial: "Como Marx Inventou o Sintoma?" *Um Mapa da Ideologia*. Trad. Vera Ribeiro. Rio de Janeiro, Contraponto, 1996, pp. 297-330.]

Título	Era no Tempo do Rei
Autor	Edu Teruki Otsuka
Editor	Plinio Martins Filho
Produção Editorial	Aline Sato
Capa	Tomás Martins (projeto gráfico)
	Hélio Vinci (ilustração)
Revisão	Geraldo Gerson de Souza
Editoração Eletrônica	Camyle Cosentino
Formato	12,5 × 20,5 cm
Tipologia	Minion Pro
Papel	Chambril Avena 80 g/m^2 (miolo)
	Cartão Supremo 250 g/m^2 (capa)
Número de Páginas	216
Impressão e Acabamento	Graphium